VIOLÊNCIA

davinci jur

EDITOR
Daniel Louzada

REVISÃO
Da Vinci Livros

CAPA
Maikon Nery

PROJETO GRÁFICO E DIAGRAMAÇÃO
Saavedra Edições

VIOLÊNCIA

O engano do mal

Juarez Tavares

da vinci jur

RIO DE JANEIRO, 2025.

Primeira edição, setembro de 2025.
Rio de Janeiro, Brasil.

Dados Internacionais de Catalogação na Publicação (CIP)
Odilio Hilario Moreira Junior – CRB – 8/9949

T231c Tavares, Juarez

Violência: o engano do mal / Juarez Tavares –
Rio de Janeiro : Da Vinci Jur, 2025.
160 pp.; 14cm x 21cm.

Inclui índice e bibliografia.
ISBN 978-65-8497-215-5

1. Direito. 2. Direito Penal. 3. Criminologia. I. Título.

CDD 345
2025-2857 CDU 343

Índice para catálogo sistemático:
1. Direito Penal 345
2. Direito Penal 343

DA VINCI LIVROS
Livraria Leonardo da Vinci
Av. Rio Branco, 185 – subsolo – lojas 2-4
Centro – Rio de Janeiro – RJ – 20040-007
davincilivros@leonardodavinci.com.br
www.davincilivros.com.br
www.leonardodavinci.com.br

Em recordação de:

minha mãe, que tudo perdoava;

Ana Ferreira, minha primeira professora,
que me introduziu no humanismo.

Em homenagem a:

Bruna Maria Felix, Laura Kligman Becker e Juliana Marmelo,
pelo companheirismo;

Carol Proner, pela enorme produção humanista e
persistência em me prestigiar;

Carolina Machado, pelo sentimento inabalável;

Catarina Botafogo, pelo idealismo;

Claudia Roberta Sampaio, pela dedicação;

Eliana Khader e Marcelle Mourelle, pela longa amizade;

Fernanda Tórtima, pela eterna lealdade
e constante presença;

Jessica Ailanda, pela coerência política;

Marília Guimarães, pelo espírito revolucionário.

Retrato da dor

É preciso saber
quanto sofreu um homem
para entendê-lo: mais que entendê-lo
respeitá-lo.
É preciso que se contem
ossos quebrados
espinhos cravados
açoites dados na alma
e o total das
vergonhas
somadas.
É preciso que nossa
compaixão
seja igual à
dor sofrida e que
aprendamos a ver
o olhar de cada um
a tangível marca
da paixão vivida
como no Sudário.

MARGARIDA BOTAFOGO

NOTA PRÉVIA

Este livro pretende discutir a relação entre violência e criminalidade, sob uma perspectiva crítica. Não se tem por objetivo esgotar o tema, até porque as definições e os conceitos são muito variáveis e estão sendo, a cada dia, modificados pelos estudiosos. O que aqui se contém é um ensaio, no qual se põe em evidência como a política estatal escamoteia o conceito e os efeitos da violência por meio de um conjunto de enunciados normativos, que fazem diluir a percepção acerca das violações dos direitos fundamentais da pessoa.

Como se trata de um ensaio, não se buscou colecionar toda a literatura mundial sobre o tema, que é muito vasta. Apenas foram referidas as obras que enfocam de maneira aproximativa o tema proposto, incluindo algumas incursões sobre os conceitos filosóficos que influenciaram o pensamento contemporâneo.

Espero que as linhas aqui traçadas possam contribuir para que o público especializado tenha a oportunidade de revisitar algumas questões que interessam diretamente à dogmática penal crítica.

Quero agradecer ao amigo Rubens Casara pela disposição de realizar a pré-leitura crítica do texto.

Rio de Janeiro, setembro de 2025.

1

OS PONTOS FUNDAMENTAIS DA DISCUSSÃO

1.1 A comunicação e o Estado

A sociedade contemporânea tenta transmitir a ideia de que, por meio de um amplo processo de comunicação digital, no qual todos os seres humanos estão hipoteticamente incluídos, o Estado assume uma posição equidistante de todos os conflitos sociais, seja como Estado mínimo ou como Estado interventor. Como Estado mínimo, ocupar-se-ia apenas de algumas tarefas essenciais, como justiça e segurança, deixando as demais atividades ao encargo da iniciativa privada. Como Estado interventor, dedicar-se-ia a administrar as atividades essenciais e mais algumas que pudessem auxiliar na execução de seus objetivos desenvolvimentistas.

A conquista por direitos de igualdade e solidariedade tem origem nos movimentos sociais do século XIX, cujos objetivos foram também manifestados na Constituição mexicana de 1917 e na Constituição alemã de 1919. Será, porém, a partir dos enunciados do Estado de Direito, contidos na Declaração Universal dos Direitos Humanos, de 1948, depois ampliados nos Pactos Internacionais dos Direitos Civis e Políticos e Direitos Econômicos, Sociais e Culturais de 1966, na Declaração e Programa de Ação de Viena, de 1993, e outros documentos internacionais, que se pode dizer que se forma definitivamente o Estado de Bem-Estar Social. Esta forma de Estado não se ocupa apenas de programas de desenvolvimento, mediante uma intervenção direta na economia, mas também de proporcionar a todos os cidadãos direitos solidários quanto à vida, à saúde e à educação, bem como ao salário, ao repouso, ao acesso aos bens de primeira necessidade, à habitação, ao meio ambiente etc.[1] Pode-se dizer que esse Estado de Bem-Estar foi pensado como um meio para tornar o capitalismo mais assimilável, mediante um ajuste nas estruturas sociais, de modo a poder dar sequência a um processo de desenvolvimento social mais equilibrado, embora sem alterar as bases do sistema produtivo. Contudo, desde que o neoliberalismo passou a predominar nas relações econômicas,[2] com a expansão do capital financeiro, o Estado, ainda que interventor em alguns setores, não assume, por ora, um papel decisivo em outras tarefas do progresso econômico, regressando às suas funções primitivas do clássico liberalismo, quer dizer, o Estado neoliberal se vê privado de suas funções mais relevantes de desenvolvimento. Mediante um extenso programa de privatizações, sob o domínio e a manipulação do mercado, o Estado cede seus encargos à iniciativa dos grandes conglomerados e consórcios e perde, por conseguinte, a qualidade de benfeitor.

Em qualquer dos casos, porém, tanto como Estado liberal, como Estado de Bem-Estar ou como Estado neoliberal, o Estado se estrutura como elemento instrumental para a satisfação de outros objetivos perseguidos pelas forças

1 COMPARATO, Fabio Konder. *A afirmação histórica dos direitos humanos*. São Paulo: Saraiva, 2010, p. 242; KERSTENETZKY, Celia Lessa. *O Estado do bem-estar social na idade da razão*. São Paulo: Campus, 2012; KIERECZ, Marlon Silvestre. *Estado de bem-estar social e soberania: crise, cidadania e solidariedade*. [S.l.]: [s.n.], 2015; LESSA, Sergio. *Capital e Estado de bem-estar*. São Paulo: Instituto Lukács, 2013.

2 AZEVEDO, Plauto Faraco de. *Neoliberalismo: desmonte do Estado social*. Porto Alegre: Libretos, 2018; CASARA, Rubens. *Contra a miséria neoliberal*. São Paulo: Autonomia Literária, 2021.

dominantes nas relações sociais; o Estado é uma entidade instrumental, que se assegura pelo exercício da força e, agora, mais ainda, por amplo processo de comunicação. Agregue-se também que o Estado neoliberal, ainda que esteja desprovido de promover o bem-estar de todos, está sempre comprometido em manter a estrutura de poder do capital financeiro, mediante intervenções salvadoras em seu benefício, como se pôde constatar em todos os momentos de crise.[3] Afora essas intervenções econômicas, que fazem transparecer seu caráter instrumental e que se manifestam como típicos atos de poder, é preciso ponderar que a força estatal não pode ser exercida durante todo o tempo, até porque o Estado não teria condições materiais para fazê-lo. Essa deficiência material conduz o Estado a valer-se, prioritariamente, de um processo ampliado de comunicação para impor sua política. Essa relação entre Estado e comunicação transforma a própria comunicação em atividade política,

> quando (a) detém, reivindica ou é reconhecida como tendo um amplo impacto, sustentabilidade e força vinculante, (b) aborda regras de coexistência, relações de poder ou os limites do que pode ser dito e feito e

---

3 ANTUNES, André. "O Estado assume as quebras do setor privado, o que costuma acontecer com alguma regularidade no capitalismo". *Escola Politécnica de Saúde Joaquim Venâncio*. Disponível em: <https://www.epsjv.fiocruz.br/noticias/entrevista/o-estado-assume-quebras-do-setor-privado-o-que-costuma-acontecer-com-alguma>. Acesso em: 8 ago. 2025.

> (c) se refere a entidades supraindividuais imaginadas ou as pressupõe implicitamente.[4]

A partir dessa perspectiva, conceitos e objetivos são mesclados e elementos simbólicos são criados e reforçados, com base nos quais toda a comunicação é construída. O processo de comunicação está, portanto, imbricado na estrutura do Estado e nos objetivos das forças dominantes, que o manipulam de acordo com seus interesses. Ademais desse processo de comunicação, que quer situar o Estado como uma entidade neutra, pode-se ver que essa suposta neutralidade jamais pode se desvincular de seu caráter instrumental, a tal ponto que, para a satisfação do mercado, se institui também uma parceria público-privada no âmbito repressivo, ora por delegação a empresas de segurança para a fiscalização de prédios oficiais ou o controle de outros serviços públicos, ora pela administração de presídios, os quais, agora, já não desempenham apenas um objetivo de execução das penas, senão de lucro e proveito aos seus administradores, sem submissão às leis trabalhistas.

---

4 KALTMEIER, Olaf. *Politische Räume jenseits von Staat und Nation (Das Politische als Kommunikation 7)*. Göttingen: Wallstein, 2012, p. 14: "Politisch ist Kommunikation dann, wenn sie (a) Breitenwirkung, Nachhaltigkeit und Verbindlichkeit besitzt, beansprucht oder zuerkannt erhält, (b) Regeln des Zusammenlebens, Machtverhältnisse oder Grenzen des Sagund Machbaren thematisiert und (c) auf vorgestellte überindividuelle Einheiten Bezug nimmt oder sie implizit voraussetzt".

1.2 A criação do simbólico

Com o processo de comunicação estendido, virtualmente, a todos os segmentos sociais, desenvolve-se um programa de simbolização da realidade. Cassirer já havia demonstrado como, pelo próprio desenvolvimento cultural, toda experiência humana se veria interpretada como atividade simbólica, que preencheria a percepção da realidade, emprestando-lhe sentido e significado. Por essa visão, o conhecimento dos fatos sociais não se concentraria na definição do objeto, em suas características empíricas, mas sim na forma subjetiva e espiritual de sua manifestação no mundo. Se a simbolização faz parte da cultura, entende Cassirer que ela pode comportar três estágios: da intuição, da expressão e da significação conceitual. O primeiro corresponde ao estado mítico, o segundo se refere à linguagem e à arte e o terceiro diz respeito à abstração. Esta etapa última será apenas alcançada quando o idioma deixar de ter como referência um objeto sensível e passar a se constituir como verdadeiro símbolo, o qual não precisa ter exata identificação com o objeto simbolizado, até porque as impressões da realidade estariam sempre impregnadas de um significado e de um sentido.[5]

Ainda que a metodologia de Cassirer se vincule à escola neokantiana de Marburg, que postulava pela superação da

---

5 CASSIERER, Ernst. *Philosophie der symbolischen Formen*. Tomo III. Hamburgo: Felix Meiner, 2010.

relação entre sujeito e objeto,[6] sua observação acerca da separação entre o que se capta do simbólico e o que lhe está por detrás, ou seja, como se formam os significados e os signos, pode ser útil para compreender como se processa a simbolização da realidade. Inicialmente, a simbolização da realidade vem associada a um objeto empírico, já expressa na própria tradição de vários povos, que assinalava como a moldagem da lasca de uma pedra poderia identificar o parentesco daquele que a portasse, embora distante de seus entes familiares, parentesco esse que se projeta também em face do lugar ou da paisagem. Esta última, "então, não é passiva, mas participante", de modo que "também organiza as relações sociais e produz as pessoas", constituindo "a agência dos elementos naturais que carrega mercadorias, delimita núcleos e sítios, opera fronteiras entre o doméstico e o público e os converte em fontes documentais".[7] Dessa associação empírica do parentesco com a paisagem, já é possível perceber como essa relação se transforma para caracterizar o parentesco não mais como simples produto de uma consanguinidade, mas sim como um conjunto de dados vinculados à própria atividade produtiva: parente é quem vive junto e trabalha junto para a

---

6 MÖCKEL, Christian. "Zum Verhältniss von Philosophie und Wissenschaft bei Ernst Cassirer". In: NEUBER, Matthias (org.). *Husserl, Cassirer, Schlick. Wissenschaftiche Philosophie im Spannungsfeld von Phänomenologie, Neukantianismus und logischem Empirismus*. Cham: Springer Cham, 2016; FERRARI, Massimo. "Is Cassirer a Neo-Kantian Methodologically Speaking?". In: MAKKREEL, Rudolf A.; LUFT, Sebastian (orgs.). *Neo-Kantianism in Contemporary Philosophy*. Bloomington: Indiana University Press, 2010, p. 305.

7 CÁCERES, Luz Stella Rodríguez. "Paisagem, memória e parentesco no quilombo de Vargem Grande, RJ". *Etnográfica*, v. 21, n. 2, 2017, pp. 269-292.

subsistência, daí ser compreensível a expressão comum nos quilombos de que "por aqui todo mundo é parente".[8] Com o processo ampliado de comunicação, porém, a realidade não precisa mais ser definida a partir de termos puramente orgânicos, como uma pedra, uma árvore ou um mamífero, mas referida a qualquer objeto produzido pelo ser humano, como a própria norma jurídica. Nesse contexto, a simbolização da realidade está agora vinculada a uma determinada atividade, que pode ser uma atividade legislativa, que se expressa pelo idioma. Essa simbolização da realidade, incrementada pelo idioma,[9] por sua vez, abre espaço para sedimentar certas ideias socialmente arraigadas, que estão relacionadas à violência das atividades estatais e sua justificativa, principalmente à violência latente ou não manifesta, que constitui o elemento sustentador das relações sociais dominantes.

Quando se diz que os símbolos são reais, isso implica considerar que eles visam a estabilizar uma compreensão da norma, e não que possam substituir a realidade empírica. Como diz Marcelo Neves, em termos filosóficos, o símbolo constitui um mecanismo de intermediação entre sujeito e realidade.[10] Contudo, à medida que o próprio idioma se converte em símbolo, que encerra significado e sentido, a compreensão da realidade da violência passa a sofrer uma alteração de rumo, que se executa por meio de um procedimento de dissimulação, apto a estabilizar a justificativa dos atos estatais. Pode-se dizer,

---

8 Ibid., p. 23.

9 WEILANDT, Tobias. *Das Verhäntniss von Sprache und Mythos als symbolische Formen: die Frage nach dem Fundament der Kultur*. Munique: Akademische Verlagsgemeinschaft München, 2009, p. 96.

10 NEVES, Marcelo. *A constitucionalização simbólica*. São Paulo: Acadêmica, 1994, p. 12.

então, que o símbolo não constitui mero objeto do idioma, mas uma forma de ação comunicativa,[11] que se realiza de conformidade com outras ações, o que implica servir de elemento de manifestação de determinada política. Bourdieu demonstra, inclusive, como os símbolos servem para justificar e legitimar os atos do poder. Nesse ponto, diz ele que as

> relações de força mais brutais são, ao mesmo tempo, relações simbólicas e os atos de submissão, de obediência, são atos cognitivos que, como tais, põem em prática as estruturas cognitivas, as formas e categorias de percepção [...].[12]

Desse modo, por meio de uma comunicação vincada nos símbolos que ele mesmo cria, o Estado constrói também o mundo cognitivo e de percepção, induzindo um pensamento comum.[13]

1.3 A transcendentalidade da violência

Tendo em conta o caráter instrumental do Estado, a justificativa para as modalidades de violência estatal pode assumir diversas formas e ostentar variados motivos, ora para conter insurgentes, ora para reprimir aqueles que, de algum modo,

---

11 KAMBARTEL, Friedrich. "Symbol". In: MITTELSTRASS, Jürgen (org.). *Enzyklopädie Philosophie und Wissenschaftstheorie*. Stuttgart: Metzler, 1995, p. 159.

12 BOURDIEU, Pierre. *Razões práticas: sobre a teoria da ação*. Campinas: Papirus, 1996, p. 115.

13 Ibid., p. 116.

violaram as regras impostas para a convivência, ora para demonstrar a potência de sua força e espargir temor, ora para garantir o domínio sobre o processo produtivo, que pode ser estorvado pela insurgência, e, finalmente, também, para incrementar lucro e proveito dos detentores do poder.

Seguindo o pensamento comum, a questão da violência está praticamente aflorada em nosso dia a dia, conforme sua divulgação pela mídia tradicional e pelas redes sociais. Há, assim, uma tendência de tratá-la, não como obra do Estado, mas sim como um fenômeno transcendental, que supera a realidade empírica e se caracteriza como um instinto natural do ser humano. Essa transcendentalidade do fenômeno, fomentada pela comunicação, internaliza a crença na necessidade de uma atuação rigorosa do Estado para que não se generalize um distúrbio social incontrolável e, assim, não se processe um regresso à barbárie. Da mesma forma que a cabeça ornamentada de um porco gerava a crença na necessidade de manutenção da zona proibida e, pois, de um aparato de segurança, justificador do sistema repressivo exercido pelo grupo mais poderoso, no célebre romance O *Senhor das Moscas*, de Golding,[14] a individualização da ideia de violência altera a relação entre Estado e pessoa, dispensando aquele de ser o protagonista dessa violência e acentuando seu caráter instintivo. Sob esse aspecto, pode-se ver que o poder não só dita o que é certo e errado, mas também cria um espaço, a chamada zona proibida, que justifica a criminalização de simples comportamentos, que dá lugar aos crimes de perigo abstrato. A constituição de uma zona proibida não é produto exclusivo de uma técnica legislativa. Pode-se considerar aqui

---

14 GOLDING, William. *O senhor das moscas*. São Paulo: Alfaguara, 2021.

que a zona proibida corresponde ao que Bourdieu chama de campo do poder,[15] no qual se manifestam diversas formas de relações dos agentes que buscam estabelecer sua hegemonia na estrutura do Estado. Nesse caso, instituída a zona proibida, estará justificada a atividade repressiva, camuflada pela comunicação acerca de um perigo sem a demonstração empírica de sua existência, ou seja, sem a exigência de uma alteração da realidade. Seguindo justamente o sentido simbólico da criminalização, a doutrina legitimadora vale-se, então, ou de um prognóstico de probabilidade, sempre flexível em face dos graus dessa probabilidade, ou de uma presunção. A zona proibida, que poderia ser interpretada na dogmática penal como zona do ilícito, engendra, ademais, um sistema simbólico de suposta proteção da pessoa, induzindo a população a internalizar o emprego de violência como necessário à sua subsistência. Sem pretender esgotar o tema da ilicitude, que envolve toda a ordem jurídica, pode-se dizer que as zonas do ilícito, por sua própria natureza e extensão, comportam inúmeras interpretações, as quais podem se agrupar no sentido legitimador ou no sentido crítico.

1.4 A contribuição da ciência política e do direito

A historiografia da ciência política e do direito, produzida no Ocidente, acostumou-se com a ideia de que o passo decisivo para a civilização, nos termos propostos por Hobbes,

15 BOURDIEU, op. cit., p. 52.

consistiria na fundação do Estado, como órgão capaz de controlar os instintos mais agressivos das pessoas e evitar a luta encarniçada de todos contra todos. Apesar de todo o progresso das investigações antropológicas, que indicam resultados opostos, ou seja, de que a violência não é instintiva,[16] essa ideia persiste, porque acreditamos que, com nossa organização social e burocrática, nos encontramos em um mundo no qual, atendendo às normas e regras, o ser humano poderá progredir no sentido de alcançar um estágio de felicidade.

Assim, diz Hobbes:

> Fora do estado civil há sempre guerra de cada um contra todos. Diante disso, é manifesto que, durante o tempo em que os homens vivem sem um poder comum que os atemorize, se acham na condição ou estado que se denomina guerra; uma guerra tal que é a de todos contra todos.[17]

Fundamental, dessa forma, para a civilização seria a existência de um poder atemorizador, representado pelo Estado.

Isto porque, segundo Hobbes,

> As leis naturais (tais como as da justiça, equidade, modéstia, piedade e, em suma, da que faz com que outros queiram o que os outros façam) são, por si

---

16 ALLAN, Jacqueline. *Albert Bandura's Aggression. A Social Learning Analysis*. Londres: The Macat Library, 2017.

17 HOBBES, Thomas. Leviathan. [1651] In: Portal Domínio Público. Disponível em: < http://www.dominiopublico.gov.br/pesquisa/DetalheObraForm.do?select_action=&co_obra=3976>, p. 40. Acesso em: 8 ago. 2025.

> mesmas, quando não exista o temor diante de um determinado poder que motive sua observância, contrárias às nossas paixões naturais, as quais nos induzem à parcialidade, ao orgulho, à vingança e a coisas semelhantes.[18]

Mediante um pacto plural, o Estado seria, então, uma forma de multidão personificada. Esse pacto gera, nas palavras de Hobbes, o "grande Leviatã, ou melhor dito (falando com mais reverência), aquele Deus mortal, ao qual devemos, sob o Deus imortal, nossa paz e nossa defesa".[19]

Complementa Hobbes:

> Em virtude desta autoridade que se lhe confere por cada homem particular ao Estado, possui ele tanto poder e fortaleza, que, pelo terror que inspira, é capaz de conformar as vontades de todos para a paz, em seu próprio país, e para a ajuda mútua contra seus inimigos, no estrangeiro.[20]

É interessante notar que essa ideia do contrato de constituição do Estado não implica apenas uma transferência de direitos, mas sim também um pacto de submissão e lealdade.

Sobre isso, afirma ainda Hobbes,

> [...] em consequência, quem acaba de instituir um Estado e fica, por isso, obrigado pelo pacto a considerar

---

18 Ibid., p. 52.

19 Ibid., p. 54.

20 Ibid., p. 54

> como próprias as ações e juízos de alguém, não pode firmar, legalmente, um novo pacto entre si para obedecer a qualquer outro, em uma coisa qualquer, sem sua permissão.[21]

Segundo essa formulação, o contrato social não gera apenas uma cessão de direitos dos cidadãos ao Estado para a obtenção da paz e da felicidade, senão também torna esse pacto irreversível. Se a pessoa não pode aderir a outro pacto, salvo se autorizada pelo soberano, o poder se enfaixa na organização estatal como um poder legítimo e eterno. A figura utilizada por Hobbes acerca do Deus mortal, ou material, bem expressa essa relação. Quando o poder estatal se legitima por sua própria constituição, todas as normas por ele ditadas são, por si mesmas, legitimadas, o que transforma o Estado em uma entidade que se coloca acima das vontades individuais. Essa fidelidade do cidadão ao Estado está também presente nas constituições do pós-guerra, como na Constituição italiana: "Todos os cidadãos têm o dever de ser fiéis à República e de observar a Constituição e as leis" (art. 54); na Constituição espanhola: "Os cidadãos têm o direito e o dever de defender a Espanha" (seção 30, 1); na Constituição polonesa: "A lealdade à República da Polônia, assim como a preocupação com o bem comum, é dever de todo cidadão polonês" (art. 82). Em determinados casos, a fidelidade se expressa com mais intensidade mediante a proibição de aquisição de outra nacionalidade, sob pena da perda da nacionalidade originária, tal como constava, inclusive, no art. 12, § 4º, II (antiga redação) da Constituição brasileira, ou perda da cidadania, quando

---

21 Ibid., p. 54.

tenha cometido um ato incompatível com a lealdade à pátria (Constituição turca, art. 66).

Não é à toa que Hegel, um sistemático defensor do Estado, o tenha caracterizado como o portador da vontade universal e, por isso, o protetor da liberdade, mas, ao mesmo tempo, impositor de deveres, como poder soberano sobre os indivíduos.

Diz Hegel:

> O Estado, como realidade em ato da vontade substancial, realidade que esta adquire na consciência particular de si universalizada, é o racional em si e para si: esta unidade substancial é um fim próprio absoluto, imóvel, nele a liberdade obtém o seu valor supremo, e assim este último fim possui um direito soberano perante os indivíduos que em serem membros do Estado têm o seu mais elevado dever.[22]

Nesse texto complexo de Hegel, pode-se notar que o Estado encara em si mesmo a própria racionalidade, que se completa por universalizar a vontade substancial.

Essa ideia de uma relação primitiva em torno da busca pela segurança e, consequentemente, da liberdade, mediante a intervenção e domínio de uma entidade situada acima da sociedade e da pessoa, como poder criador de direitos e impositor de deveres, se transforma, gradativamente, na figura do Deus mortal de Hobbes, ao qual todos devem subserviência. Uma vez sedimentada essa entidade através dos tempos e,

---

22 HEGEL, Georg Friedrich. *Princípios da filosofia do Direito*. Trad. de Orlando Vitorino. Lisboa: Guimarães, 1990, p. 225.

agora, fortalecida pela amplitude das redes digitais, mais se difunde a convicção de que se trata de uma entidade necessária e incontestável, que estará legitimada por si mesma a usar todos os meios disponíveis para sua manutenção. Se no mundo anterior a ideia do uso de meios violentos para garantir a felicidade era incutida como uma ordem do soberano, na pós-modernidade se dilui ela como expressão de uma vontade digitalizada, orientada pelo senso comum. Daí sua naturalização na vida cotidiana como um fenômeno de uma razão prática implícita. Quando a legitimidade da atuação estatal está ancorada em uma razão prática implícita, amplia-se o espaço para a construção de um elemento simbólico de poder, que apenas se materializa quando passe a exercer a violência sobre os supostos súditos, ao mesmo tempo em que se mantém como uma entidade capaz de normatizar a vida social sem qualquer oposição. Essa razão prática, por fim, induz a naturalização da violência estatal, que, por sua vez, conduz à crença de sua indispensabilidade para a convivência.

1.5 O institucionalismo transcendental

Aqui está bem presente aquilo que o neurocientista Sterzer chama de ilusão da razão: aprendemos de diversas maneiras, pela experiência, pelos contatos, pelas publicações, pelas emoções, pela ideologia ou pelas convicções que se formam durante a vida, a cometer erros sistemáticos em nosso pensamento, que não são casuais, mas sim convergentes em determinada direção. Como erros sistemáticos, não são erros porque apenas divergem dos fatos, são erros de direcionamento. Esses erros estimulam o processo de racionalizar as informações, os conceitos, as narrativas, os conselhos e as lições, sem proceder à sua depuração, e considerá-los, então, como corretos, ainda que se apresentem como manifestamente irracionais.[23] São erros epistêmicos, que irão acometer significativamente a compreensão acerca da violência e seu conceito; dizem respeito, então, aos pressupostos do processo de conhecimento, o qual envolve também a questão do pragmatismo das crenças.

Quando se trabalham os conceitos, é inevitável que, por força de inúmeros condicionamentos, se confundam as impressões acerca da realidade e se construam símbolos, que passem a valer por si mesmos, independentemente dos fatos. Pelo esquema tradicional empirista, essas impressões só poderão ser tidas como verdadeiras depois que forem submetidas à prova. Por outro lado, os conceitos não são imutáveis, não são conceitos metafísicos, mas enunciados que variam conforme as alterações processadas no mundo da vida.[24] Essa mutabilidade dos conceitos indica que nem sempre um conceito emitido doutrinariamente pode corresponder inteiramente ao objeto que quer descrever; isso irá sobredeterminar sua simbolização, principalmente em relação do mundo digitalizado, que já não é mais o mundo das relações materiais objetivas. Por força dessa característica orientada pelo abstrato, o mundo digitalizado reforça uma simbolização da realidade, sem qualquer respaldo empírico, o que facilita

---

23 STERZER, Philipp. *Die Illusion der Vernunft*. Berlim: Ullstein, 2022, p. 88 e ss.

24 HABERMAS, Jürgen. "Was heißt Universalpragmatik?" In: APEL, Karl-Otto (org.). *Sprachpragmatik und Philosophie*. Frankfurt: Suhrkamp, 1976, p. 199.

a flexibilização dos conceitos no sentido de adestrá-los para a satisfação de outros interesses, que acabam internalizados como verdadeiros, portanto como crenças justificadas que estão muito mais ligadas à conveniência ou utilidade do que propriamente ao conhecimento das coisas. Há, portanto, uma fluidez da realidade, que deixa de se compor de fatos e passa a ser concebida como uma entidade abstrata, criada pela imaginação. Daí a geração de crenças, que incorporam e expressam essa criação.

Superar essas crenças constitui uma tarefa complexa, porque, primeiro, teremos que suspender um processo de conhecimento baseado quase que exclusivamente na tradição das narrativas, nos preconceitos, nas discriminações e nos vícios ideológicos que se formam ao longo da vida como códigos imutáveis; segundo, temos que nos afastar da orientação imprimida por esse material codificado, mediante uma reorganização do pensamento, como se fosse uma redução eidética, na qual seriam eliminados os componentes mais atraentes e emocionalmente sedutores em benefício daqueles mais sólidos, que puderem explicar a realidade sem seus acessórios; finalmente, devemos confrontar os enunciados com os fatos. A questão da violência e de seu conceito, portanto, internalizados como crenças, não apenas como manifestação individual, mas principalmente como atividade pública, como atividade estatal, continua a desafiar a reflexão sobre seus fundamentos. Embora essa discussão não esteja esgotada – há inúmeros trabalhos sobre esse tema – será importante, ao menos, revisitá-la para demonstrar sua constante atualidade, que poderá contribuir para uma conscientização do destino da pessoa humana.

Ao dispor que as atividades estatais encerram uma intervenção coativa sobre as pessoas, sob a perspectiva simbólica de superar a barbárie, chegamos à conclusão de que a discussão em torno do conceito e significado da violência, por sua complexidade, deve passar pela análise das relações estruturais que fundam o próprio Estado. É imperioso desmitificar, de uma vez por todas, a ideia de que o Estado foi fundado por um acordo de vontades. Embora inúmeros filósofos do direito tenham buscado sua origem em uma hipotética construção mental, no sentido de lhe emprestar alguma racionalidade, o que dá lugar àquilo que Amartya Sen chama de "institucionalismo transcendental",[25] a instituição do Estado moderno não pode se desvincular de, pelo menos, três séries de fatores: a) do capitalismo como um modelo de exploração capaz de unir todas as formas de controle do trabalho; b) da transformação das relações sociais como espécie de mercadoria; c) do eurocentrismo, a caracterizar-se como única acepção legítima de racionalidade e produção de conhecimento.[26]

Sobre esses três pilares se institui o Estado como uma entidade universal de autoridade pública, destinado a servir de instrumento de manutenção do sistema. Observe-se que mesmo no neoliberalismo, que defende a instituição do Estado mínimo, este não se alija da tarefa essencial de segurança e, portanto, de órgão produtor da legislação criminalizante e impositiva de violência. Com isso pode-se demonstrar que o emprego de violência não é um fato acidental na vida societária e no exercício das funções do Estado, mas sim um elemento

---

25 SEN, Amartya. *A ideia de justiça*. São Paulo: Companhia das Letras, 2011.

26 BRUNNER, Claudia. *Epistemische Gewalt: Wissen und Herrschaft in der kolonialen Moderne*. Edition Politik 96. Bielefeld: Transcript, 2020, p. 68.

de sua própria estrutura. Quando se fala de elemento estrutural não se está eliminando sua subordinação às condições concretas de uma formação social. Justamente em face das características fundantes dessa formação social, no caso, da formação social capitalista, agora em sua vertente neoliberal, a violência, incrementada como instrumento do Estado, tanto em seus efeitos reais quanto simbólicos, constitui uma condição essencial de sua organização como entidade política.

Daí se dizer que o Estado não é uma entidade neutra; está ele composto por um sistema de relações de poder vinculadas às estruturas econômica e social, que, no capitalismo, serão aquelas baseadas na apropriação privada dos meios de produção. Mesmo na mais libertária das democracias, essa característica da vida econômica se reflete na constituição do poder. Por meio de muitas artimanhas, a ideologia dominante quer fixar a ideia de que a constituição do Estado e, por conseguinte, do direito em geral, independe das relações sociais e econômicas, seria produto de iniciativa das próprias pessoas, como postula a teoria do contrato social, ou como estruturas diferenciadas, cada qual com seus objetivos para reduzir as complexidades e, assim, satisfazer às expectativas, como assinala o funcionalismo. Na verdade, o domínio do poder não nasce como um ato puramente psíquico ou contratual, é consequência direta do domínio sobre os meios de produção, do qual também derivam os conceitos e a ideologia. Como diz Balibar, quem "dispõe dos meios de produção material dispõe ao mesmo tempo dos meios de produção intelectual".[27]

---

27 BALIBAR, Étienne. *A filosofia de Marx*. Rio de Janeiro: Da Vinci Livros, 2023, p. 106.

Sob essa perspectiva, o exercício da violência é, antes de tudo, um instrumento de manutenção desse sistema de domínio.

1.6 O poder e o mercado

Está claro que a forma, ou *Gestalt*, do exercício desse poder varia de país para país, conforme o grau de desenvolvimento das forças produtivas e sua repartição nos diversos setores que compõem a vida comunitária. Normalmente, a forma como o poder é exercido nesses países, por meio de instrumentos de dissimulação, conduz a uma aparência de repartição equilibrada desse poder em face de todas as pessoas que dele participam, ou se supõe participarem. Esse equilíbrio aparente do poder, porém, corresponde a uma monopolização do domínio dos meios de produção, que é próprio do sistema neoliberal e que se sobressai diante de outros pequenos produtores, que se diluem ou a ele se submetem. É próprio do neoliberalismo a divulgação da ideia da neutralidade do poder, porque isso oculta as relações reais que o sustentam. O processo de ocultamento da realidade não é incomum. À vista disso, a fim de evitar que crenças tradicionais pudessem interferir nas conclusões científicas, os intelectuais do Círculo de Viena propuseram, já no começo do século XX, uma tarefa de purificação da experiência, a qual deveria estar subordinada ao critério de sentido, que constituiria o método adequado à sua verificação; o que não fosse passível de verificação deveria ser eliminado dos contextos científicos e filosóficos.[28]

---

28 HALLER, Rudolf. *Neopositivismus*. Darmstadt: WB, 1993, p. 14.

Por seu turno, como observa Kaltmeier, a própria transformação dos direitos humanos em direitos do mercado, a validade do mercado para regular todas as áreas e a transferência de tarefas essenciais à iniciativa privada e até para organizações multinacionais bem demonstram a dependência do poder político ao poder econômico.[29] Em face disso, como dizia Foucault em sua crítica ao neoliberalismo americano, o econômico coloniza tanto o Estado quanto o social e, ao contrário da propalada racionalidade liberal clássica, não será o Estado a ditar as regras de conduta e organização; tudo se concentra no que propõem as forças econômicas dominantes.[30]

O domínio dos meios de produção projeta seus interesses na troca de mercadorias, que fundamenta e estimula a própria produção de bens e serviços, Dessa forma, condiciona ele, também, as relações havidas em todos os demais âmbitos – social, político e jurídico – que se corporificam como estruturas formalizadas. É fácil compreender, por isso, que toda a vida social gira em torno de conceitos baseados no significado dos objetos do mercado. Compreendendo que os objetos do mercado valem de conformidade com o tempo de sua produção, que se orienta essencialmente pela troca do que é lançado para consumo, pode-se dizer, também, que as próprias relações sociais, políticas e jurídicas constituem relações de troca. No plano político, essas relações de troca são bem nítidas nas democracias modernas, quando os poderes se comunicam para, por meio de compensações e compromissos, engendrarem a denominada governabilidade. Por seu turno, no plano

---

29 KALTMEIER, Olaf. *Politische Räume jenseits von Staat und Nation (Das Politische als Kommunikation 7)*. Göttingen: Wallstein, 2012, p. 117.

30 Ibid. p. 118.

jurídico, podemos ver como o crime fornece elementos para um processo de compensação, expresso pelo tempo de pena que lhe corresponde, e mesmo nas relações puramente civis, como o descumprimento contratual se resolve em indenização.

A ideologia e os valores do capitalismo induzem, também, o desconhecimento de outras culturas e a exaltação do chamado processo civilizatório, o qual é produzido na Europa e se torna tema comum na historiografia. Veja-se, por exemplo, que disso não se afasta o grande teórico do sistema, Norbert Elias, ao chancelar a ideia de que foi na Europa que se desenvolveu o processo de mitigação da violência mediante o uso dos "códigos de conduta", pelos quais os impulsos cavalheirescos passaram a ser contidos com a instituição de um Estado forte e centralizador, ou seja, ao estilo do velho Leviatã, que representaria o elemento essencial da constituição das democracias modernas.[31] Ainda que a ideia predominante na teoria política se situe sob o efeito do eurocentrismo, Amartya Sen faz lembrar que as democracias já aparecem no Oriente bem antes de sua versão grega:

> Embora Atenas com certeza tivesse um excelente nível de discussão pública, a deliberação aberta também floresceu em várias outras civilizações antigas, às vezes de forma espetacular. Por exemplo, algumas das primeiras assembleias gerais abertas, destinadas especificamente a solucionar disputas entre os diferentes pontos de vista sobre questões sociais e religiosas, tiveram lugar na Índia com os chamados conselhos

---

31 ELIAS, Norbert. *O processo civilizador. Formação do Estado e civilização*. Tomo II. Rio de Janeiro: Zahar, 1993.

> budistas, nos quais partidários de diferentes pontos de vista se reuniam para discutir suas diferenças a partir do século VI a.C.[32]

Por outro prisma, ao contrário do que conclui Pinker,[33] a violência não foi reduzida com o processo civilizatório e pelo fato de ser monopolizada pelo Estado. A violência a partir da modernidade e no mundo contemporâneo foi apenas diversificada: em vez de resultar de um enxame de flechas desferidas contra o inimigo, se converteu no efeito brutal de poucos instrumentos, como o emprego de bombas nucleares, com a capacidade de exterminarem cidades inteiras, ou de armas automáticas, minas, foguetes e drones, com amplo poder de destruição. Quando se comparam os atos violentos da Idade Média e da atualidade, o que se nota na historiografia não é uma reflexão sobre a violência estatal, mas tão só e apenas das condutas individuais. É, pois, uma ilusão atribuir ao Estado o dom divino de contendor de violência, quando ele mesmo está alicerçado sobre seu conceito e dela dispõe de modo brutal, conforme o impulso de seus interesses.

Como pondera Bourdieu, o chamado monopólio da violência por parte do Estado, que supostamente teria o condão de controlar a violência individual, é inseparável das vantagens que esse monopólio engendra, o qual "só pode ser obtido ao preço de uma submissão", com a qual se concretiza a dominação como legítima e desinteressada.[34]

---

32 SEN, op. cit., p. 463.

33 PINKER, Steven. *Os anjos bons de nossa natureza: por que a violência diminuiu*. São Paulo: Companhia das Letras, 2013.

34 BOURDIEU, op. cit., p. 122.

1.7 A questão da democracia

É verdade, no entanto, que as democracias modernas têm sua maior desenvoltura a partir do continente europeu com as reformas inglesas e, depois, por força das revoluções americana e francesa. A questão fundamental, porém, não está na origem desse regime, mas sim no que ele consiste. Pode-se dizer que o cerne dessas democracias está, hoje, manifestado por aquilo dito de modo claro por Huntington: "Eleições abertas, livres e justas são a essência da democracia, o inevitável *sine qua non*".[35] Nesta visão, o conceito de democracia se reduz, portanto, a um regime em que prevalece um sistema eleitoral.

Contudo, é de se observar que uma democracia não se caracteriza apenas pelo processo de eleição ou de representação parlamentar, mas sim, fundamentalmente, pelo processo de discussão e interação ampla em diversos setores.[36] Mesmo sob esse aspecto, as deliberações não expressam uma vontade autêntica dos participantes, senão o seu discurso de conformidade com seus interesses. Desse modo, ainda sob a exigência de uma ampla participação popular na direção do Estado, este não pode ser considerado como legítimo e autêntico representante de toda a coletividade. Não socorre o raciocínio contrário o fato de, nessas discussões, prevalecer o melhor argumento, o qual pressuporia também o dissenso.

---

35 HUNTINGTON, Samuel. *The third wave: democratization in the late twentieth century*. Norman-Londres: University of Oklahoma Press, 1991, p. 9.

36 SEN, op. cit., p. 463; MOUFFE, Chantal. *Por um populismo de esquerda*. São Paulo: Autonomia Literária, 2020, p. 109.

Isso porque o melhor argumento nem sempre reproduz a vontade real dos participantes, os quais, segundo suas próprias limitações materiais e até mesmo de comunicação, podem não estar em condições de divergir. Por outro lado, as democracias modernas são, ao mesmo tempo, regimes e formas de governo e não autênticos aparelhos produtivos, e nem se realizam em assembleias populares, mas sim, normalmente, nos ambientes parlamentares. É natural, portanto, que desenvolvam e estimulem suas atividades em um processo complexo de comunicação, o qual terá como objetivo a projeção de sua ideologia como única espécie de racionalidade universalizada. A amplitude dessa ideologia irá depender de como o domínio das forças produtivas e de suas relações irá se manifestar, também, no domínio dos meios massivos de comunicação. Como elementos essenciais ao sistema, os meios massivos de comunicação não podem estar desgarrados da própria estrutura social, cuja manutenção depende também da higidez da ideologia que lhe corresponde.

É de se notar que na própria Corte Suprema dos Estados Unidos, seguindo uma tradição, inclusive respaldada em suas últimas decisões, se desenvolve a concepção de que a melhor forma de se obter a verdade sobre determinado fato é situá-lo no âmbito de uma competição, no chamado mercado livre de ideias.[37] Essas decisões reconhecem o direito dos meios de comunicação de massas e das empresas de, no exercício de sua liberdade de expressão, poderem incorporar o processo de comunicação para orientá-lo conforme seus próprios

37 Abrams versus United States, 1919; United States versus Rumely, 1953; Brandenburg versus Ohio, 1969; Citizens United versus Federal Election Commission, 2010.

interesses, ou seja, nos interesses do mercado. Com isso, só podem divulgar os elementos do fato que realmente cumpram esse papel. Ao contrário do que se propaga como sendo uma autêntica demonstração de atividade democrática, essa mercantilização das informações ou de ideias indica, claramente, que a comunicação, no capitalismo, é essencialmente política e assume, em qualquer caso, a forma de mercadoria, porque não se expressa como informação neutra, senão como resultado de uma competição, bem própria do sistema.

Por seu turno, se a comunicação é essencialmente política, os meios de comunicação deixam de ser apenas divulgadores de informações e passam a exercer suas funções como verdadeiros partidos midiáticos, vinculados a interesses próprios na repartição do poder.[38] Além disso, como esses partidos midiáticos são essencialmente multinacionais, o processo de caracterizar, portanto, o eurocentrismo (aqui incluídos os interesses norte-americanos), como único meio legítimo de conhecimento universal, não apenas contribui para monopolizar esse conhecimento, como também para obter a submissão dos súditos. Fortalecem esse sistema também os enunciados da dogmática penal, que, vinculada ao saber jurídico eurocentrista, ignora completamente a seletividade do sistema e cria um discurso asséptico, dissociando um "mundo simplificado de dever ser que não é e nunca chegará a ser".[39]

Vistos esses três fatores da estruturação do Estado moderno, pode-se compreender sua influência sobre o conceito de violência.

---

38 ZAFFARONI, Eugenio Raúl. *Colonização punitiva e totalitarismo financeiro*. 2ª ed. Rio de Janeiro: Da Vinci Livros, 2024, p. 78.

39 Ibid., p. 12.

2

O SIGNIFICADO DA VIOLÊNCIA

2.1 Violência e direito

Walter Benjamin costumava dizer que uma crítica da violência pode se limitar à análise de sua relação com o direito e a justiça.[1] Essa é uma relação complexa, mas a partir desses dois parâmetros delimitadores, podemos traçar o significado da violência em termos de seu próprio conteúdo e de sua função simbólica em uma sociedade que está constantemente trabalhando sob os efeitos de seu conceito. Quando nos dedicamos a compreender a violência sob o direito, podemos ver que sua justificação pode estar disposta segundo os fins ou segundo os meios.

No âmbito do direito natural, que fundamenta, de certo modo, a teoria do contrato social, a violência estaria justificada quando constituísse um meio para a consecução de um fim justo. Essa conclusão decorre do fato de se conceber a violência com um dado inerente à condição humana, desde seu nascimento, o que levou Hobbes a imaginar um estado da natureza, em que a violência era generalizada.

Por sua vez, o direito positivo, produzido como fato histórico, só pode compreender a violência em face dos meios empregados, sendo indiferente o fim perseguido. Meio injusto será sempre injusto, embora os fins sejam justos.

Diz Benjamin: "O direito natural aspira justificar os meios pela justiça de seus fins; por sua parte, o direito positivo

---

1 BENJAMIN, Walter. *Zur Kritik der Gewalt, Gesammelte Schriften.* Tomo II-1. Frankfurt: Suhrkamp, 1999, p. 179 e ss.

objetiva garantir a justiça dos fins através da legitimação dos meios".[2]

A questão fundamental na análise da violência reside, portanto, na discussão em torno de sua legitimidade, quer em face dos fins, quer dos meios. No mundo contemporâneo, contudo, em que a vida se torna cada vez mais regulada pelo Estado, com a profusão de normas criminalizadoras, essa questão de legitimidade está também atrelada ao modo como seu conceito é tratado, quando disposto em face dessas normas proibitivas ou impositivas de condutas.

2.2 Violência subjetiva e violência sistêmica

Geralmente, quando falamos de violência e buscamos elementos para caracterizá-la, com o objetivo de controlá-la ou erradicá-la, o que queremos representar com essa palavra, conforme nos é imposto pela ideologia dominante, é a espécie violenta de criminalidade, com a qual nossa mídia e, consequentemente, nossas autoridades e políticos lidaram ou tentam lidar. De certo modo, essa é uma herança do pensamento positivista, calcado na relação de causalidade entre um agente individual e um determinado resultado proibido. É o que chamamos de violência subjetiva. Mas a violência subjetiva é apenas uma forma de expressão da violência, não a mais importante. Como aponta Žižek, há, de certo modo, um fascínio pela violência subjetiva, que se origina da ideia de que ela é obra de indivíduos malignos.

---

2 Ibid., p. 179.

Embora a individualização da violência seja extraída do método causal de explicar os fenômenos, não deixa, entrementes, de ser também uma ideia originada de um antigo sentimento religioso de culpa, a qual é internalizada pelos processos de comunicação. Sua acolhida pelos processos amplos de comunicação de massa da vida moderna a transforma em lugar comum de todas as formas de especulação, desde a retórica científica proposicional, até a manifestação leiga corporificada no que se convencionou chamar de conhecimento geral. Daí ser essa ideia de uma violência puramente individual (subjetiva) a manifestação eloquente de todo o imaginário cotidiano.

O que importa, porém, não é a violência subjetiva, senão a violência sistêmica, que está por detrás de toda uma estrutura social e econômica de exclusão.[3] Por violência sistêmica pode-se compreender, inicialmente, aquela resultante da definição formulada pelo sociólogo norueguês Galtung, como "o dano evitável das necessidades humanas básicas da vida", aquela "que reduz o nível real de satisfação das necessidades abaixo do que é potencialmente possível".[4] Com essa definição, Galtung busca superar a relação entre violência e atividade puramente individual, a chamada violência direta, por uma abordagem mais ampla, para nela incluir todas as formas de discriminação, repartição desigual de ingressos ou recursos públicos e diminuição das chances

---

3 ŽIŽEK, Slavoj. *Violência*. São Paulo: Boitempo, 2015, p. 35.

4 GALTUNG, Johan. "Strukturelle Gewalt. Beiträge zur Friedens–und Konfliktforschung, Reinbek bei Hamburg 1975". In: KAILITZ, Steffen (ed.). *Schlüsselwerke der Politikwissenschaft*. Wiesbaden: VS Verlag für Sozialwissenschaften, 2007, p. 134.

de sobrevivência em virtude da fome, das catástrofes culturais e da degradação ambiental. A partir disso, identificar a violência sistêmica implica proceder a uma crítica social global, dirigida às políticas públicas e sua execução para além do material legislado, filtrando desse material tudo aquilo que constituir mera crença ou sentimento. Deve-se incluir nessa crítica, também, a devida filtragem das informações midiáticas e aquelas divulgadas nas redes sociais, que incorporam a ideologia dominante e constituem instrumento eficiente de solidificação dessa ideologia. Nesse sentido, a relação entre violência e crime não é apenas o motivo de denúncias ou ações políticas manifestas; há sempre, por debaixo dessas manifestações, interesses e objetivos ocultos que interferem substancialmente nos enunciados. Justamente mediante a separação entre objetivos manifestos e latentes é que uma parte da teoria científica tem se esforçado, até o presente, para estabelecer o conceito adequado de violência. Embora a espécie violenta de crime sempre tenha merecido tratamento especial durante séculos, o conceito de violência nunca esteve tão intimamente ligado a ela como hoje, daí a necessidade de repensar esse conceito e os fundamentos usados para formulá-lo.

2.3 A redução do conceito de violência

Ao trabalhar na rediscussão do conceito de violência, podemos ver que a maioria ou quase todas as perguntas sobre esse tópico se referem basicamente à maneira de erradicá-la e não ao seu significado. As questões, assim, também se deixam seduzir pelo manifesto. O manifesto será sempre o enunciado que o poder elege para ser divulgado. Não se quer definir a violência, quer-se combatê-la. Essa é a consequência óbvia de sua identificação com o crime, que está muito mais associada a uma perspectiva utilitarista imediata de bem-estar – daí a preocupação com os efeitos de seu combate – do que a uma definição mais precisa de seus elementos.

Como salienta Claudia Brunner,

> [...] atualmente, o termo violência tem um significado amplo, mas na linguagem cotidiana, bem como no uso acadêmico, costuma ser reduzido ao uso direto, físico e pessoal da força. Em um nível linguístico e conceitual, isso implica precisamente a simultaneidade e a indistinguibilidade do poder de disposição e do uso da violência, o que até hoje dificulta a clareza política e acadêmica ao falar e escrever sobre o tema.[5]

A redução das características da violência a apenas uma de suas manifestações, à manifestação individual, leva, por sua vez, ao uso de certa arbitrariedade na justificação dos meios para seu controle, muitas vezes centrados em elementos puramente simbólicos, resultantes de meras expressões linguísticas. Os símbolos, além de se expressarem pelo idioma, requerem, implicitamente, uma interpretação, a qual se desenvolve ao longo do tempo e deve ser vista menos como um objetivo e muito mais como fator de orientação. Ainda que essa interpretação dos símbolos contribua para orientar

---

5 BRUNNER, op. cit., pp. 27-28.

pensamentos e condutas, carrega sempre um déficit e, assim, não alicerça, por si mesma, um significado positivo.

Como informa Röhl, os símbolos se associam a complexas representações, que se incorporam, se alteram e, também, se diluem.[6] Compreendendo-se que o Estado não é uma entidade neutra, mas que necessita de um apoio popular, sem o qual, segundo as regras da democracia liberal burguesa, estaria deslegitimado, é fácil concluir que, para tanto, tenha que camuflar seus interesses latentes e expressar seus interesses manifestos por meio de uma simbologia adequada à obtenção do consenso. Esse processo de simbolização da realidade vai dar lugar à edificação de conceitos capazes de estimular antigos, mas persistentes recalques e sentimentos que reproduzem, ao mesmo tempo, um temor e uma devoção ao poder, como extensão primária de uma força divina. Se, segundo a órbita religiosa dominante no Ocidente, só podem ser realizadas condutas justas quando se incorpora o temor a Deus, da mesma forma o controle sobre a zona proibida, a zona do ilícito, exige a internalização do temor ao Estado, o qual traça não apenas as linhas divisórias dessa zona proibida, como também alimenta aquele temor mediante conceitos ou classificações, que ele mesmo cria.

---

6 RÖHL, Klaus F. "Die Macht der Symbole". In: COTTIER, Michelle; ESTERMANN, Josef; WRASE, Michael (orgs.). *Wie wirkt Recht?*. Baden-Baden: Nomos, 2010, p. 267 e ss.

2.4 A influência dos conceitos

Um exemplo significativo do processo classificatório de imposição de temor pode ser encontrado no conceito e no tratamento dos crimes hediondos. Sua caracterização como hediondos não tem base científica, representa apenas um signo retórico a ser usado para justificar efeitos mais gravosos na execução da pena. Nesse caso específico dos crimes hediondos, podemos observar como o controle estatal da violência é frequentemente orientado pela simplificação simbólica de seu conceito, que só adquire sentido diante das consequências penais que acarreta. Os crimes hediondos, como categoria construída, são encontrados em todas as legislações, embora com outros nomes e com suas próprias variações, que incluem fatos bastante díspares e que vão desde o assassinato, o estupro, o tráfico de drogas e a epidemia até o terrorismo. Como o próprio conceito de hediondez, como tal, faz parte de uma categoria moral e não jurídica, o tratamento mais rigoroso aplicado aos atos classificados como crimes hediondos não é resultado de uma necessidade prática, de uma exigência social, mas de um ato puramente político, um ato político que se manifesta na prática como uma forma de assinalar uma discriminação. Não interfere nessa sua característica discriminatória a alteração de sua designação, como hediondos, atrozes ou até mesmo de especial gravidade. Até porque a propalada especial gravidade, que poderia estar associada à intensidade da lesão de bem jurídico, mas que abarca condutas muito diversas e heterogêneas, não pode se afastar de um contingente moral e político, vindo a tratar-se, então, de mera alteração linguística.

Note-se que o tráfico de drogas e o terrorismo sempre estão presentes na lista dos crimes hediondos. Tanto a "guerra às drogas" quanto o terrorismo são o resultado de atos puramente políticos. A guerra às drogas nasce justamente da política americana que justifica sua intervenção militar nos países latino-americanos, assim como a "guerra ao terrorismo" jamais pôde ser incorporada em um conceito universalmente padronizado, tanto que, por falta de consenso, ficou de fora do elenco dos crimes previstos no Estatuto de Roma. No tocante às drogas, como informa Scheerer, sua proibição se desenvolve sob argumentos mesclados entre interesses políticos e econômicos, de um lado, e religiosos e moralistas, de outro, com um importante aporte dos meios de comunicação de massa, sem qualquer respaldo empírico.[7]

Desde que se pretendeu proceder à separação entre direito e moral, e direito e política, conforme proposição do positivismo e, depois, do funcionalismo, a teoria científica – e essa é a finalidade que se lhe quer consignar – não pode se basear em mera expressão ou motivação que não seja estritamente jurídica. Nesse sentido, para garantir a autonomia de suas afirmações em relação a interesses repressivos imediatos, o objeto de sua análise deve ser delimitado com a maior precisão possível, que é a única maneira de evitar mal-entendidos e de fornecer uma crítica de seu próprio conteúdo. A separação entre direito e moral, e entre direito e política, sempre foi proposta como condição essencial para uma teoria democrática do direito, o que não significa, por si só, porém, que possa ser decisiva para esse propósito. A

---

7 SCHEERER, Sebastian. *Política sobre drogas. Algumas reflexões críticas.* São Paulo: Tirant lo Blanch, 2023, p. 26 e ss.

construção de uma democracia demanda o preenchimento de outros requisitos, entre os quais se incluem um condicionamento histórico de proteção da pessoa e a possibilidade de sua efetiva participação como coautora de todos os projetos públicos. Daí se dizer, e convém repetir, que a essência da democracia reside na possibilidade da participação de todas as pessoas nas decisões estatais e principalmente em suas fases prévias, como expressão de um debate amplo e igualitário, ou seja, independentemente do processo eleitoral. Essa condição de ampla participação não se confunde, todavia, com as propostas de Rawls, de idealizar um estágio prévio de discussão sem qualquer interferência das qualidades dos participantes, pelo qual se queira obter uma justiça com imparcialidade.[8] Pelo contrário, a discussão deve também pressupor a divergência e não pode estar, idealisticamente, separada do mundo da vida de cada um. Quando se está buscando desmitificar os conceitos, é preciso fixar que ninguém é capaz de isolar seu pensamento ou suas ideias daquilo que lhe foi fornecido historicamente em sua formação.

A fim de explorar de forma mais crítica o tema da violência, é preciso fundar um direito democrático e mudar a direção da pesquisa. Um direito democrático, por suposto, não pode ser aquele produzido tão só por um parlamento livremente eleito. Mais do que isso, um direito democrático será aquele que possibilite, entre outras condições, uma ampla discussão de suas normas por todas as pessoas que possam ser por elas afetadas. Para que isso ocorra, é necessário também que os próprios enunciados normativos se tornem acessíveis

---

8 RAWLS, John. *Teoría de la justicia*. Cidade do México: Fondo de Cultura Económica, 2012.

a uma ampla discussão. Se o processo de comunicação acerca do conteúdo das normas não puder ser desenvolvido porque sua própria linguagem é hermética ou dissimulada, estará desde logo comprometido o sentido da democracia, que não proporciona nem o consenso nem o dissenso. Quando se trabalha o conceito de violência, que está por detrás dos enunciados, percebe-se que seu significado está muito mais comprometido com a forma do processo de comunicação do que propriamente com sua aparição empírica. Tal como está disposto nas leis penais, esse processo estimula e induz uma compreensão dissimulada da realidade. Ao definir, por exemplo, o crime de furto, como "subtrair, para si ou para outrem, coisa alheia móvel" e associá-lo a uma pena de 1 a 4 anos (art. 155), o Código Penal se vale de uma técnica legislativa que trata o conflito unicamente como produto individual e justifica o emprego de violência (a imposição da pena) como um recurso para contê-lo. Dessa definição que, em face da redação rebuscada, só pode ser compreendida por meio de um silogismo embutido, se oculta o fato de que a violência não é tão somente um recurso de solução de conflito, mas sim um elemento instrumental da ordem jurídica no sentido da manutenção do poder.

Claro que, ao usar a técnica legislativa de descrição abstrata da conduta incriminada, o Código Penal nada mais faz do que obedecer ao princípio da legalidade, mas, ao fazê-lo, proporciona também uma ocultação das condições reais que impulsionam aquela conduta e, ao lado da garantia que daí decorre, cria o sentimento da necessidade da pena. Daí se dizer que, uma vez legalizada a proibição, a incriminação e a punição estarão desde logo justificadas. O princípio da legalidade, nesse caso, se inverte: de princípio de garantia da pessoa se transforma em princípio de legitimação do poder. Essa inversão vem demonstrar que, ao contrário do que pensava o positivismo, a legalidade não constitui, por si só, elemento capaz de definir a exata relação entre Estado e pessoa, nem estabelecer limites precisos de garantia.

Diante disso, devem ser propostas algumas indagações: a violência deve ser resumida como uma forma de criminalidade? Existe violência sem criminalidade? A violência é um atributo exclusivo do indivíduo? O que é violência?

3

A DESMITIFICAÇÃO DA VIOLÊNCIA

3.1 O processo de desconstrução do conceito

As respostas às indagações propostas, orientadas no sentido de uma crítica da violência, devem partir de sua desconstrução, verificando como ela na verdade se origina no âmbito da ideologia dominante e como se incorpora com naturalidade nas relações de poder. É preciso compreender que a violência não é simplesmente uma expressão semântica, nem deve ser classificada como um atributo agregado à pessoa ou um modo de manifestação de maldade, que possa corresponder a uma degeneração mental. Desde tempos pode-se observar que, ao ocorrer um delito mais grave, o sentimento comum, por herança do positivismo, é atribuir ao seu autor não apenas a responsabilidade por seu ato, mas também um certo distúrbio mental, congregador de uma mentalidade voltada para o crime. Diante disso, o processo de desconstrução da violência, portanto, deve se desenvolver dentro das próprias relações de poder, que estimulam os sentimentos. As relações de poder, por seu turno, não se resumem aos clássicos desenlaces formais, que compõem os elementos dos regimes democráticos, como as repartições de seu exercício em torno de partidos ou grupos políticos. A constituição de regimes com alternância de comandos, que configura a estrutura das democracias em geral, não afeta as relações reais de poder. As relações reais de poder estão necessariamente vinculadas ao modo como as sociedades buscam sobreviver, mediante o aporte de recursos econômicos que as sustentem. Quer dizer, então, que as relações reais de poder só podem ser compreendidas quando confrontadas com o domínio exercido sobre os meios de produção. O poder está imbricado no domínio dos meios de produção. Não importa se esse domínio é monopolizado ou repartido por pessoas ou grupos diversos. No capitalismo contemporâneo, muitas vezes o poder formal é exercido sob acordo entre grupos, que, embora não detenham força suficiente para excluir seus concorrentes, com eles se compõem para salvaguardar seus próprios interesses, que se manifestam no desenvolvimento do domínio que lhes cabe nas atividades produtivas, que se estendem desde a produção propriamente dita até a distribuição e circulação de mercadorias, entre as quais se incluem o próprio capital e sua comercialização. Atendendo a esses interesses, deve-se insistir que as relações de poder não se distinguem substancialmente por meio da alternância de partidos na estrutura formal do Estado. Pelo contrário, a alternância de partidos no exercício das atividades estatais serve também para camuflar o que está na substância do poder real, até porque os programas partidários, com raras exceções, não apresentam significativas diferenças de conteúdo: todos estão voltados a obter uma hegemonia eleitoral.

O enfrentamento da questão da violência deve ser feito, então, por meio de mecanismos que possam desmitificar seu significado semântico, no sentido de demonstrar a ilusão de uma aparente neutralidade no trato do chamado interesse público. O interesse público é uma construção semântica destinada justamente a erigir o Estado como órgão independente das pretensões dos grupos que dominam os meios de produção. Para trabalhar a desmitificação dessa ideia, alguns autores empregam a metodologia da desconstrução, que é normalmente usada na teoria literária, mas que pode também ser estendida ao campo das relações estatais, hoje submetidas a normas escritas e expedidas pelos parlamentos.

Nem sempre é fácil decifrar como se processa essa desconstrução. Inicialmente, é preciso acentuar que o direito moderno é um direito legislado, portanto, expresso em textos. É comum difundir-se a ideia de que o direito assim constituído é estável em termos linguísticos. Sobre essa estabilidade, inclusive, se construíram todos os princípios constitucionais, até mesmo o princípio da legalidade, que se insere como fundamento incontornável do direito penal.

Ocorre, porém, como demonstra Derrida, que as expressões linguísticas são instáveis e ambíguas, carregando em seu conteúdo uma significativa reserva de indecidibilidade,[1] ou seja, em vez de serem desde logo esclarecedoras por si mesmas, necessitam constantemente de um procedimento de interpretação, que varia no tempo, conforme os diversos contextos aos quais se referem e se aplicam. Mesmo essa interpretação carece, no entanto, de estabilidade, o que implica salientar ainda mais a indecidibilidade, ou seja, um estado de coisas indefinido. A indecidibilidade força o adiamento infinito da estabilidade da interpretação, que irá se ajustar aos interesses hegemônicos do momento e jamais poderá servir de parâmetro de orientação de condutas. O processo de desconstrução busca, por isso mesmo, demonstrar como essas normas se originam e quem, na verdade, é seu emissor verdadeiro e quais, afinal, são seus propósitos latentes.

No campo prático, pode-se ver como o próprio princípio da legalidade é instável, à medida que os tribunais o desdenhem e passem a criminalizar condutas por simples analogia, ainda

---

1 SILVA, Francisco de Fátima da. "A indecidibilidade enquanto desconstrução da hermenêutica: a primazia da metáfora da escritura". *Revista Urutágua*, n. 6, Maringá, 2005.

que pretendam decidir de conformidade com um suposto interesse de grupos vulneráveis. Nesse ponto, a interferência essencial nas decisões não diz respeito aos interesses reais desses grupos, que são saudáveis e merecedores de proteção, mas principalmente aos interesses particulares dos julgadores e até mesmo aos apelos midiáticos, que atuam sob a perspectiva de seus próprios interesses econômicos e sua luta por hegemonia. Ao fazer-se um sopesamento dos interesses em jogo, pode-se perceber que os interesses hegemônicos, calcados nas relações de poder e no domínio dos meios de produção, serão os que verdadeiramente intervêm no sentido de uma interpretação cativante, mas desprovida de real significado libertário. Há, nesse caso, o sobrepasso de um processo ilusório de captação do consenso, que não tem por base o chamado melhor argumento, mas sim aquele que o poder impõe como necessário à manutenção de suas políticas públicas.

A grande questão que se coloca no processo de desconstrução da norma, por meio da eliminação da ilusão libertária, diz respeito aos elementos que devem estar disponíveis para sua execução.

Derrida costuma tratar o procedimento de desconstrução de um conceito ou enunciado contido em uma norma por meio do que ele denomina de rastro, uma forma capaz de checar seus antecedentes internos, sem a necessidade de trabalhar com elementos de outra fonte. A desconstrução será realizada desde logo sobre a própria expressão linguística contida na norma para indicar suas incongruências, contradições e ambiguidades e, com isso, proporcionar um instrumento que possa desmitificar as ilusões que poderiam ressaltar de seu enunciado, como se fosse um enunciado universal. A desconstrução deve percorrer um longo caminho, que vai desde os contextos que motivaram a norma até sua extensão e efeitos. Nem todos os contextos podem ser unificados e tampouco são imutáveis, podendo variar conforme os efeitos produzidos pela norma.

Assim, ao analisar as assertivas de Freud quanto à proibição do incesto, como uma consequência de um ato parricida, que caracterizaria a cultura,[2] adverte Derrida que esse conceito não tem valor por si mesmo, salvo quando confrontado com seu antecedente, seu rastro, pois o sentimento de culpa do desejo entre irmãos não é um ato puramente psíquico, mas pressupõe uma regra social, ou seja, uma proibição antecedente do incesto. Ao pressupor uma proibição, o ato psíquico deixa de ser um ato de produção exclusiva do indivíduo e passa a refletir internamente o que foi determinado ou induzido pelo contexto. Para chegar-se a essa conclusão não é adequado examinar apenas o contexto, mas sim o enunciado que dele deriva e que funda o sentimento do parricídio. Extrapolando essa observação do microcosmos para o âmbito maior das relações sociais, devemos assinalar que as premissas de uma crítica da ideologia jurídica, como forma de desconstrução, não podem estagnar-se no direito e seu mundo, mas devem atentar para como "as superestruturas do direito escondem e refletem os interesses econômicos e políticos das forças dominantes da sociedade".[3]

Esse rastro vai, inclusive, proporcionar a Homi Bhabha proceder a uma crítica dos textos políticos, entre os quais aquele que estabelece o conceito de nação, o qual omite,

---

2 PONTES, Andrea Mello. "O tabu do incesto e os olhares de Freud e Levi-Strauss". *Trilhas*, ano 4, n. 1, jul. 2004, pp. 7-14.

3 DERRIDA, Jacques. *Força de lei*. São Paulo: Martins Fontes, 2018, p. 34.

por exemplo, as origens violentas que o antecedem e busca uma forma de identificação com um objeto que, na verdade, não existe, como seria a identificação entre nação e raça, ou mesmo a criação de um povo, que só terá existência a partir da emissão de um enunciado, "com o fim de construir uma unidade política".[4]

Em todo ato político, construído como um texto, subsiste, portanto, uma camuflagem, que permite impermeabilizar o conceito e trazê-lo à tona como um conceito puro. Justamente nessa imposição simbólica de pureza do conceito ou do texto é que se concentra o processo ilusório de libertação. Esse modo de construção conduz, propositalmente, à omissão das origens do conceito e faz com que os atos políticos pareçam como atos neutros, independentes da violência que lhes assegura a estabilidade. A violência, portanto, não é a exteriorização de um ato individual tresloucado, mas está presente no próprio enunciado, quando é omitido seu processo inicial de construção e, depois, se dilui na interpretação do texto, que passa a trabalhar seus efeitos como puras consequências de sua origem legítima.

Essa desconstrução do conceito de violência se integra na resposta acerca de seu significado. Pode-se dizer, afora suas outras características, que a violência deve ser entendida como qualquer ato que afete direitos fundamentais da pessoa. Assim, a violência não pode se resumir apenas ao ato físico imediato, como costuma ocorrer quando se imagina a

---

4 JERADE, Miriam. *Violencia: una lectura desde la deconstrucción de Jacques Derrida*. Santiago: Ediciones Metales Pesados, 2018; BHABHA, Homi. *O bazar global e o clube dos cavalheiros ingleses*. Rio de Janeiro: Rocco, 2012, p. 9.

violência como crime ou como instrumento de um crime. Os atos estatais de persecução penal são atos de violência, como ocorre nos procedimentos de busca pessoal e domiciliar e na imposição de cautelares de restrição de liberdade (proibição de se afastar de determinado lugar ou de se comunicar com outras pessoas, a imposição de pagamento de indenização ou cesta básica à vítima, de portar tornozeleira eletrônica, de se apresentar regularmente ao órgão judicial, de prestar serviços à comunidade, de se recolher ao domicílio depois de certa hora etc.).

Pode-se dizer, então, que a violência está impregnada no próprio poder e em suas relações, mas, por sua metamorfose, se transborda para o texto legal sem a indicação de sua existência. Uma vez normatizado em texto legal, o poder de intervenção estatal, como atividade violenta, se escamoteia nos enunciados. Para se proceder a uma crítica da violência deve-se compor, portanto, um procedimento que possa desnudar seus aspectos ocultos, pondo à mostra seus meios e fins latentes. Tendo em conta esse ocultamento dos fenômenos, que é próprio do Estado moderno e de muitos procedimentos científicos, Derrida busca demonstrar que, por exemplo, algumas investigações, ao não se darem conta das origens, dos rastros, são inaptas a elucidar o que está por detrás dos atos,[5] o que faz com que, até mesmo involuntariamente, a violência seja escamoteada da própria proibição. Isso pode ser demonstrado, com mais nitidez, nos processos legislativos de criminalização, em que o Estado se apresenta como o grande benfeitor, destinado a prevenir delitos mediante o uso da privação de liberdade, sem indicar, por sua vez, que essa

---

5 DERRIDA, op. cit., p. 34 e ss.

privação de liberdade afeta substancialmente as pessoas em suas relações, e que sua execução é efetuada com o emprego de mais violência, transformando os cárceres em locais de tortura e sofrimento.

3.2 A questão da estrutura

Ao compreender-se como se originam os textos, desconstruindo-os de sua pura expressão linguística, e buscando identificar a violência que os antecede, será possível elaborar um procedimento de desmitificação dessa violência. Está claro, também, que essa desconstrução não pode ser tratada como se fosse apenas um procedimento literário mais aprofundado de interpretação do texto. Será preciso situá-la nos fundamentos da estrutura social. Nesse ponto, uma concepção pós-estruturalista, como pretende Derrida, que se manifestaria em um procedimento livre de amarras formais, embora relevante, não poderá alcançar a verdadeira dimensão do fenômeno, que é um fenômeno estrutural. O apartamento das estruturas será importante para não vincular o texto exclusivamente à vontade de seu emissor, como faria o funcionalismo com a ideia de satisfação de expectativas dentro de um sistema, mas, por outro lado, para atingir o mecanismo de sua origem será preciso analisar, por meio de sua desconstrução, como esse texto está vincado a determinadas relações sociais e em todos os seus contextos. A contribuição relevante do pós-estruturalismo centra-se em que essas relações não podem ser resumidas dentro de estruturas independentes, as quais, por serem construções e não entidades empíricas, não podem representar todo o arcabouço social.

Contudo, determinadas relações sociais, como as relações de produção, contêm uma substancialidade, são relações materiais que se expressam em ações concretas e de conformidade com as linhas divisórias que lhes foram demarcadas. Em uma sociedade dividida, os protagonistas dessas relações se agrupam em posições distintas, que configuram determinada hierarquia. Portanto, há na sociedade, com vistas à sua subsistência e manutenção, relações estruturais que geram efeitos e enunciados específicos, como a produção de mercadoria, e estão organizadas de modo a servirem aos objetivos do capitalismo.

Quando se fala aqui de relações estruturais não se está falando de uma concepção que as trate como se fossem peças da estrutura de um edifício, cujo esboço seja traçado previamente em uma prancheta. As relações capitalistas não são simplesmente uma construção teórica destinada a explicar os fenômenos produtivos, são relações que se edificam e formam uma estrutura, a partir de sua manifestação no mundo da vida. Uma vez formada a estrutura, essa se solidifica nas relações de poder. Não há que se eliminar, dessa forma, um conceito de estrutura, quando a sociedade tem por base relações de produção, que condicionam todos os seus segmentos. Por outro lado, as relações de poder que engendram a estrutura do Estado e, também, do direito, não se resumem a um bloco monolítico.

3.3 A relação mercadológica

As relações de poder sempre comportam vários segmentos, grupos, partidos, grêmios, bancos, associações etc., que repartem suas atribuições e domínio conforme se manifestem como hegemônicas em determinado contexto. O bloco no poder, portanto, não é homogêneo quanto ao domínio do processo produtivo. Só é homogêneo em face dos subalternos, os quais serão sempre os afetados por qualquer política pública, a qual sempre se manifesta por meio de um procedimento discursivo. Nesse ponto, em face do bloco no poder, portanto, aos agentes, pondera Chantal Mouffe que não os podemos tratar como "uma entidade unificada e homogênea", uma vez que "não existe um a priori, uma relação necessária entre os discursos que constroem suas diferentes posições de sujeito".[6]

Tendo em vista a assertiva de que vivemos em uma sociedade capitalista, podemos seguir aqui a sistemática adotada por Adorno de caracterizar essa sociedade e o próprio Estado em uma significação mercadológica.[7] Com base nisso, a desconstrução crítica do conceito de violência, e seus efeitos em uma epistemologia de enfretamento, pode ser efetuada sob dois panoramas: do direito formal e das condições reais de existência em uma sociedade dividida.

Quando se fala de uma sociedade dividida estar-se-á a compreender a sociedade capitalista, na qual as relações se estabelecem em uma hierarquia de comando que se efetua verticalmente, desde o cume até a base de uma pirâmide.

---

6 MOUFFE, op. cit., p. 135.

7 ADORNO, Theodor W. "Postscriptum". In: *Gesammelte Schriften, Bd. 8: Soziologische Schriften 1* (86-92). Frankfurt: Suhrkamp, 2003, p. 354.

Não alteram esse panorama as metamorfoses do processo econômico, que se transforma de simples processo produtivo de bens e serviços a empreendimentos financeiros, que se expandem por todos os países, sob o comando daquele que, efetivamente, detém o poder real de intervenção. Da mesma forma que, no âmbito interno, quem domina os meios de produção domina o poder, no âmbito externo, quem domina o fluxo do capital financeiro domina as relações internacionais, ou seja, exerce, como nação mais forte e prevalente, por exemplo, os Estados Unidos e, também, a União Europeia, o comando da atividade econômica e dos meios de comunicação. Esse domínio da atividade econômica se estende também ao fluxo cambial, no qual as variações em torno das moedas dos países emergentes se deixam manipular pelos jogos especulativos dos agentes do mercado, o que conduz, financeiramente, ao seu endividamento e consequente empobrecimento. Ademais, se os poderes constituídos dos países emergentes se mostrarem mais audaciosos com relação ao seu programa econômico e, com isso, puderem afetar os ingressos desmedidos dos países centrais, haverá sempre a possibilidade real do uso da violência no plano internacional para obrigá-los à sujeição. Esse panorama indica manifesto conflito de interesses nessas relações financeiras, tendo, de um lado, os países dominantes e, de outro, os países dominados. Embora a sociologia e a ciência política burguesas busquem uma fórmula de conciliação, não se pode deixar de consignar que vivemos, tanto no plano externo quanto no interno, em uma sociedade de classes antagônicas, com efeitos perversos para as classes dominadas, e isso não pode ser obliterado nem afastado das discussões epistêmicas.

3.4 A desconstrução e racionalização no direito

Sob o panorama do direito formal, podemos começar a desconstrução do conceito de violência com as ponderações de Walter Benjamin, em sua referência ao direito natural e ao direito positivo,[8] que conduzem a duas avalições diversas ou a dois pontos de vista de bases contrárias. O primeiro, associando a violência à finalidade de uma conduta; o segundo, avaliando-a de acordo com suas próprias características, independentemente da finalidade para a qual foi utilizada.

Esses dois modos de indagação, destacados por Benjamin, estão relacionados à antiga discussão aristotélica, que se estende até os dias atuais, sobre se uma atividade pode ser avaliada em si mesma como racional, de acordo com seus próprios elementos constitutivos, ou se sua virtuosidade depende do fim a que se destina, ou seja, se o fim determina a qualidade dos meios ou se os meios valem por si mesmos como um processo que se desenvolve sem um destino específico.[9] Tanto a vinculação aos fins quanto aos meios são formas de racionalizar a análise axiológica da conduta.

Há outras formas de racionalização. Kant, por exemplo, sempre buscou proceder a uma separação entre imperativo categórico e imperativo hipotético, para concluir que um ato seria moralmente correto quando fosse realizado como cumprimento a um dever e não em face de sua finalidade.

Diz Kant:

---

8 BENJAMIN, op. cit., p. 179.

9 ARISTÓTELES. *Ética a Nicômano.* Jandira: Principis, 2021, p. 57 e ss.

> O imperativo hipotético, portanto, diz apenas que a ação é boa para algum propósito possível ou real. No primeiro caso, trata-se de um princípio problemático, no segundo, de um princípio assertórico-prático. O imperativo categórico, que declara que a ação é objetivamente necessária sem referência a qualquer intenção, ou seja, sem qualquer outro propósito, é considerado um princípio apodíctico-prático.[10]

Por seu turno, o empirismo inglês pretende centralizar a avaliação moral na própria experiência, de modo que, como diz Hume, as ações morais não podem ser frutos da razão.[11]

Diz Hume:

> [...] As ações podem ser louváveis ou censuráveis, mas não podem ser razoáveis: Portanto, louvável ou

---

10 KANT, Immanuel. *Kant – Gesammelte Werke*. Brunsvique: Ideenbrücke, 2016, p. 406: "Der hypothetische Imperativ sagt also nur, dass die Handlung zu irgend einer möglichen oder wirklichen Absicht gut sei. Im ersteren Falle ist er ein problematisch, im zweiten assertorisch-praktisches Prinzip. Der kategorische Imperativ, der die Handlung ohne Beziehung auf irgend eine Absicht, d. i. auch ohne irgend einen andern Zweck, für sich als Objektiv notwendig erklärt, gilt als ein apodiktisch-praktisches Prinzip".

11 HUME, David. *Delphi Complete Works of David Hume (Illustrated)*. [S. l.]: Delphi Classics, 2016, p. 579: "Actions may be laudable or blameable; but they cannot be reasonable: Laudable or blameable, therefore, are not the same with reasonable or unreasonable. The merit and demerit of actions frequently contradict, and sometimes controul our natural propensities. But reason has no such influence. Moral distinctions, therefore, are not the offspring of reason. Reason is wholly inactive, and can never be the source of so active a principle as conscience, or a sense of morals".

censurável não é o mesmo que razoável ou irracional. O mérito e o demérito das ações frequentemente contradizem e, às vezes, contrariam nossas propensões naturais. Mas a razão não tem essa influência. As distinções morais, portanto, não são fruto da razão. A razão é totalmente inativa e nunca pode ser a fonte de um princípio tão ativo como a consciência ou um senso de moral.

3.5 A relação entre meio e fim

Apesar dessas divergências, a relação entre meio e fim continua a produzir seus efeitos no raciocínio moral. A violência em oposição ao fim para o qual é usada é característica do direito natural, que visa a basear a ordem jurídica e, portanto, todos os seus fatores em uma ordem divina de purificação e paz interior, que só pode ser alcançada submetendo tudo o que existe à qualidade desse objetivo. Desde que o fim seja justo ou correto, é irrelevante se os meios para alcançá-lo sejam violentos ou pacíficos. Está claro também que a qualificação do fim como justo ou injusto não depende apenas da invocação do direito natural; será uma obra de quem o revela, cuja competência sempre esteve associada a uma ordem divina, interpretada pelos sacerdotes mediante discursos, bulas ou resoluções. Nesse sentido, o direito natural jamais deixou de ser caudatário de seus intérpretes ou reveladores, que irão traçar os rumos de identificação de seus fins. Nessa relação entre enunciados de direito natural e seus intérpretes pode-se ver que aqueles só passam a existir ou a produzir efeitos depois de revelados. Se quem detém os meios de produção detém o poder, quem detém o poder de revelação domina os enunciados de direito natural.

O processo de justificar a violência, portanto, não se limita a avaliar seus próprios elementos, mesmo que sejam as atividades mais atrozes e cruéis. Diz-se, então, que fins justos podem justificar meios injustos. Uma vez estabelecida a necessidade de se atingir um fim justo, todos os meios seriam justificados, inclusive os meios violentos. Há, portanto, sob a perspectiva do direito natural, uma certa instrumentalidade entre a violência e os resultados almejados como uma relação necessária. Igualmente, vale lembrar a assertiva de Hannah Arendt, a qual depois de fazer uma longa análise do significado da violência acentua que a substância da

> ação violenta é regida pela categoria meio-fim, cuja principal característica, quando aplicada aos negócios humanos, foi sempre a de que o fim corre o perigo de ser suplantado pelos meios que ele justifica e que são necessários para alcançá-lo.[12]

Diante disso, todos estão cientes do que o uso da violência, em todas as suas formas e modalidades, representou para o processo da Inquisição, cujo objetivo fundamental, divulgado pelos reveladores, era assegurar a ordem divina e seu prestígio, sem a preocupação de proporcionar às pessoas, em geral, e aos acusados, em particular, uma investigação correta que garantisse seus direitos mais básicos. Assim como os

12 ARENDT, Hannah. *Sobre a violência*. Rio de Janeiro: Civilização Brasileira, 2009, p. 14.

fenômenos da natureza nada mais são do que a expressão de uma ordem natural infalível, estruturada para se perpetuar de acordo com a orientação que lhe é dada, inicialmente, pela própria divindade, a mesma ordem deveria se aplicar igualmente a todas as pessoas, cuja única justificativa estaria baseada no procedimento para salvar suas próprias almas. Se, ao mesmo tempo, postula-se que as pessoas são dotadas de dignidade – essa pode até ser a ideia central da filosofia escolástica –, isso se aplica apenas ao seu destino subjetivo e absoluto, e não ao corpo, um objeto sensível e contingente. Se a alma, como elemento imortal, se liga à divindade, que se encarrega de seu destino, o corpo pertence aos reveladores, que dele podem dispor como medida de justiça.

Nesse ponto, a contradição kantiana, nem sempre muito bem explicada e até de certo modo incompreensível, entre a proteção racional da dignidade humana como fundamento do imperativo categórico em uma ordem baseada na grandeza da pessoa, por um lado, e suas consequências práticas, por outro, que levaram a julgamentos inúteis e à imposição do talião, não tem outra consequência, como medida de justiça, a não ser a destruição do corpo. Pode-se dizer que a defesa da dignidade humana e a famosa execução justiceira são, de fato, incompatíveis.

Veja-se a afirmação kantiana:

> Mesmo que a sociedade civil seja dissolvida pela decisão unânime de todos os cidadãos, por exemplo, se os habitantes de uma ilha decidirem se separar e se dispersar pelo mundo, o último assassino na prisão deverá ser enforcado primeiro, para que cada um receba de acordo com seu ato, e a culpa não recaia

> sobre o povo por não ter insistido em sua punição, o qual poderia ser considerado como partícipe dessa violação pública da justiça.[13]

Ainda que a ideia kantiana não justifique o uso da violência em si, independentemente de um fato, a própria adoção da medida do talião, como consequência desse imperativo, mostra que a ideia de violência não está ligada à pessoa do assassino, mas simplesmente à manutenção de um fim de justiça, para cujo cumprimento (com a aplicação da pena de morte ao assassino) a consideração de sua dignidade é absolutamente indiferente. Nesse caso, pode-se ver que a propagada proteção da dignidade humana, que se insere nos textos das principais constituições de pós-guerra, não passa, sob esse aspecto, de uma proposição simbólica. Note-se que a justificação kantiana empreendida para legitimar a execução do condenado não difere muito da proposta funcional de que a pena serve à finalidade de assegurar a estabilidade da norma. Afinal, o que será o atendimento à justiça? Será cumprir, sob o manto da universalidade, o imperativo categórico ou, sob

---

13 KANT, Immanuel. *Kant. Die Metaphysik der Sitten*. V. VI. Berlim: Akademie Ausgabe, 1797, p. 199 e ss.: "Selbst, wenn sich die bürgerliche Gesellschaft mit aller Glieder Einstimmung auflösete (z.B. das eine Insel bewohnende Volk beschlösse, auseinander zu gehen, und sich in alle Welt zu zerstreuen), müßte der letzte im Gefängnis befindliche Mörder vorher hingerichtet werden, damit jedermann das widerfahre, was seine Taten wert sind, und die Blutschuld nicht auf dem Volke hafte, das auf diese Bestrafung nicht gedrungen hat; weil es als Teilnehmer an dieser öffentlichen Verletzung der Gerechtigkeit betrachtet werden kann". Para uma crítica: GRECO, Luís. "A ilha de Kant". In: GRECO, Luís; MARTINS, Antonio (orgs.). *Direito Penal como crítica da pena*. São Paulo: Marcial Pons, 2012, p. 265.

a égide de um direito positivado, garantir a intangibilidade da norma? Essa questão é relevante quando a confrontamos com os interesses da pessoa afetada, a qual não pode servir, ainda que tenha infringido severas e relevantes normas de convivência, de simples instrumento para a consecução da higidez de um sistema formal.

Nossa tradição ocidental sempre enfatizou as virtudes da alma e as adversidades e fraquezas da carne, que é vista como um obstáculo ao encontro com Deus. Por mais monoteísta que essa ideia possa parecer, ela também inclui um tipo de panteísmo, que vê a salvação como um processo de integração espiritual da parte com o todo, independentemente do destino do corpo ou dos sofrimentos reais pelos quais ele possa passar. Nilo Batista bem ilustra como a pena, que sempre foi instrumento de sofrimento, também se transforma e se diversifica em função do corpo, ao induzir sua salvação por meio de diagnósticos e recursos médicos, que não dispensavam a própria tortura, bem como se transforma em um recurso religioso infalível "contra todos os males e miraculosa solução de todos os problemas".[14]

O sentido kantiano do cumprimento absoluto do critério de justiça não é diferente. Afinal de contas, qual é o sentido de julgar o último assassino se a sociedade vai se desintegrar de qualquer maneira? E até que ponto a estabilidade da norma pode justificar o sofrimento imposto pela pena? No entanto, sob a ótica do direito natural, o sofrimento pela condenação só

---

14 BATISTA, Nilo. "A lei como pai". In: ABRAMOVAY, Pedro Vieira; BATISTA, Vera Malaguti (orgs.). *Depois do grande encarceramento*. Rio de Janeiro: Revan, 2010, p. 145; BATISTA, Nilo. *Honra, sangue e direito penal*. Rio de Janeiro: Lumen Juris, 2025, p. 67.

se torna compreensível se for visto como um meio de purificar e superar os prazeres materiais do corpo, que são incompatíveis com a grandeza do destino da alma, ou de submeter o corpo ao destino do Estado.

No Estado monárquico, no qual a relação de poder se dava diretamente entre o súdito e o soberano, este como o revelador do direito, sem qualquer regra legal e sem qualquer outra participação prévia e controlada, e no qual a vontade do Estado e as crenças e pretensões da religião oficial se confundiam, a disposição do corpo era projetada como um ato de sua subordinação obrigatória aos fins que ele estabelecia para si mesmo. A sofisticação argumentativa do funcionalismo em torno da necessidade de uma organização social centrada na norma não pôde, no entanto, superar esse mesmo fundamento. Em qualquer caso, o emprego da violência (por exemplo, com a pena de morte, de prisão, de restrição de direitos etc.) faz parte da estrutura do Estado, em nada importando as alusões à proteção da dignidade humana.

3.6 Violência e contaminação epistemológica

À medida que a estrutura do Estado se vê transformada pelas revoluções americana e francesa, com base no direito positivado e sob um hipotético acordo de vontades, alheio, nessa perspectiva, a especulações sobre o destino da consciência de cada indivíduo, o significado da violência também muda. No Estado liberal, a relação de poder não se baseia mais na vontade do monarca, como revelador do direito, mas nos fundamentos de uma ordem legal, abstrata e simbolicamente acordada. Se não é a justiça dos fins que agora orienta a atividade, mas sim o processo de produção dessa atividade, o que na verdade corresponde ao próprio desenvolvimento do capitalismo, no qual a produção da mercadoria como valor de troca não pode se desgarrar do tempo despendido em sua produção (a manobra dos meios), a incorporação da análise dos meios não é obra do acaso, é resultado da contaminação ideológica da epistemologia. A contaminação da epistemologia passa, de qualquer modo, pelo processo de colonização, no qual o mundo real é visto separadamente de suas formas, o que contribui para a subordinação do saber às relações de poder.[15] Com isso, inverte-se a lógica do discurso: em vez de a violência ser vista como uma realidade empírica e, assim, transparente, é ela incorporada como elemento intrínseco da própria norma. A norma contida no texto, então, não apenas fundamenta o poder estatal como também cria as condições para que a violência nela se perpetue.

Consequentemente, a partir dessa incorporação, a violência se torna um meio em si mesma, inerente à lógica objetiva dos eventos e das instituições. Os fins justos não são mais importantes para justificar os meios injustos. Os meios são justificados pelo consenso, expresso na lei, que pode autorizar ou proibir seu uso, delimitar seu escopo, questionar sua validade, independentemente de serem eficazes ou inúteis para um fim transcendental. Os fins justos são, agora, internalizados na lei: uma vez definidos, são classificados como corretos, e assim também os meios para os alcançar. Frise-se que não se trata de superar a relação entre fins justos e meios injustos; a lei define o que é justo tanto em relação aos meios quanto aos fins. Como

---

15 BRUNNER, op. cit., p. 67.

a lei é um enunciado e não um objeto empírico, isso conduz a uma simbolização do que sejam meios e fins, justos ou injustos. Portanto, a correção dos meios e dos fins não corresponde a uma substância material, é tema puramente formal, que fica ao encargo de uma interpretação, de competência dos modernos reveladores do direito, que no mundo contemporâneo se convencionou estarem centrados nos legisladores, como seus expositores, e nos juízes, como seus concretizadores. Mesmo sob o mais sólido positivismo, a assunção dos novos reveladores indica que a sociedade ainda não se desvencilhou dos antigos sacerdotes, aqueles mesmos que desde o antigo Egito dominaram a comunicação política. Os sacerdotes continuam a mandar na confecção e na aplicação da lei.

Apesar de os protagonistas se hoje serem leigos, pode-se ver, por outro lado, como o espírito religioso ainda está presente na política com vistas as substituir a laicidade por uma religiosidade dominante. De qualquer modo, mesmo que a influência da religiosidade se tenha avolumado na política, a revelação do direito na pós-modernidade, depois da separação de poderes, irá sofrer uma metamorfose, pela qual os novos reveladores já não invocam sua vinculação à divindade, senão aos objetivos simbólicos do próprio Estado, apresentados como orientados ao bem comum. Essa suposta orientação ao bem comum justifica uma outra modalidade de revelação, aquela exercida pelos integrantes do Poder Judiciário, que, então, são classificados como imparciais. A imparcialidade do Judiciário não é, assim, uma conquista da democracia, como deveria ser, mas sim uma consequência da mistificação do poder simbólico dos novos reveladores do direito, que se sobrepõem aos direitos fundamentais da pessoa humana, tidos unicamente como direitos formais, cuja validade e eficácia só estarão concretizadas mediante uma interpretação. Não é à toa que o chamado Realismo Jurídico conceba o direito como produto exclusivamente judicial: direito é o que os juízes dizem que é.[16] À medida que afirmem o direito, conforme pondera Ross, os juízes, por sua vez, manifestam uma força, capaz de imprimir às decisões uma coerção,[17] o que significa que a revelação não é um ato puramente expressivo, é fundamentalmente um ato de poder.

O surgimento do direito positivo, que se desenvolve na nova ordem capitalista, por sua vez, implica uma mudança no status da pessoa. A pessoa não é mais uma consciência em si mesma, não é essencialmente uma alma ligada a um corpo contingente. Em face da nova ordem, a pessoa é, antes de tudo, um corpo que produz e por cuja produção se reconhece como autorresponsável. A autorresponsabilidade figura, então, como um meio de afastar esse mesmo corpo de um destino cósmico, de modo a fazê-lo esgotar-se em seu próprio mundo da vida. A essência do direito positivo, portanto, não se caracteriza como elemento de proteção da pessoa, como pessoa, mas sim como órgão produtivo. Se, por um lado, o direito positivo contribui para um processo de emancipação do indivíduo, o qual não deve mais obediência ao soberano ou à divindade, por outro, o despersonaliza, à medida que o subordina a enunciados linguísticos, que são emitidos conforme os interesses dominantes e, assim, bastante diversos de um chamado consenso coletivo.

Por sua vez, se nessa nova ordem importante é o processo produtivo, a violência, portanto, mesmo institucionalizada,

---

16 ROSS, Alf. *Direito e justiça.* São Paulo: Edipro, 2021, p. 64.

17 Ibid., p. 16.

não pode encontrar justificativa no fim que o Estado persegue. Em face de sua integração na legalidade, relevante é que os atos violentos sejam avaliados também dentro de um mesmo processo produtivo. Em um Estado democrático, embora se pretenda instituir um fundamento legal para sua implementação (tudo tem que passar pelas regras formais), de modo que os meios injustos sejam tidos como meios injustos, mesmo que os fins não o sejam, sua consideração como injustos também passa por uma operação de simbolização. Justamente por isso, a lei, nesse caso, tem que ser constantemente confrontada com a realidade, com os efeitos materiais que possa produzir, porque muitas vezes, inobstante a legalidade dos meios, pode ela desencadear um constante estado de exceção, justificado por atos puramente formais.

Nesse sentido, pode-se observar que o próprio processo criminalizador é uma forma de justificativa de meios, os quais alcançam a pessoa humana em seus direitos fundamentais. Ninguém pode duvidar de que tanto a proibição quanto a imposição de pena constituem meios violentos de intervenção sobre a liberdade individual que vão além dos propósitos protetivos divulgados como expressão do interesse público. Daí a necessidade de um confronto entre lei e realidade para medir até que ponto a intervenção estatal protetiva provoca no acusado ou condenado sua própria destruição como pessoa. Como explicitou Adorno, sob os critérios da dialética negativa, para as relações do real importam não apenas os resultados, mas também todo o processo de sua realização,[18] ou seja, a forma não é suficiente para amparar a busca de

18 ADORNO, Theodor W. *Vorlesung über Negative Dialektik*. Frankfurt: Suhrkamp, 2003, p. 14.

justificação para os atos estatais. Estes devem ser confrontados, desde seu nascedouro até seus efeitos totais. Se não é a divindade que determina essa qualidade, nem os reveladores do direito natural, mas a própria lei e seus novos reveladores, que passam a regular o comportamento de cada pessoa e caracterizá-lo como justificável ou injustificável, devem ser levados em conta os limites impostos à liberdade de cada um para preservar-lhe a individualidade. Justamente por isso é que se deve repetir que a democracia verdadeira não pode se resumir ao compromisso de realização periódica de eleições, que se diluem em procedimentos mecânicos a serviço das forças dominantes, portanto que se perpetuam como uma forma idealizada de determinação de poder. Ao revés, a democracia verdadeira deve estar fundada na capacidade real conferida a todas as pessoas de participarem tanto dos processos de produção da norma quanto das discussões sobre a relação entre os fins propostos por ela e os meios por ela admitidos como válidos para sua consecução. Acrescente-se a isso também a abertura para a possibilidade de acesso aos bens necessários à subsistência de todos os membros de uma comunidade. Uma comunidade não pode ser tida como democrática quando os bens necessários à sobrevivência de seus membros forem de domínio exclusivo de uma classe ou de um grupo ou de alguns grupos hegemônicos que repartem o poder.

Diversamente do que prega o capitalismo, assim, a sociedade democrática não se assenta na propriedade de bens; aqui não se trata de fundar um direito natural de propriedade desses bens, nem de orientar as condutas exclusivamente para sua aquisição, mas sim de manejar critérios de solidariedade, de tal modo que todos possam deles usufruir, independentemente do modo de sua aquisição. Com isso, tampouco se descarta a propriedade e a posse de bens individuais, os quais compõem o patrimônio acumulado de uma pessoa. O que uma sociedade democrática exige é que os bens necessários à subsistência, não os bens de fruição aleatória, possam ser acessíveis a todos. Desde uma perspectiva humanista, pode-se, então, estabelecer que uma sociedade democrática deve ter como característica básica a relação de solidariedade e cumplicidade, a qual deve compor o arcabouço de todos os direitos fundamentais. Sobre esse arcabouço será, então, possível compreendê-la como a forma de realização dos direitos humanos.[19]

Como diz Amartya Sen, "a democracia não tem a ver apenas com sufrágios e votos, mas também com deliberação".[20]

A característica básica da democracia é, portanto, menos o processo formal eleitoral, e muito mais, sim, a abertura para que todas as pessoas, sem qualquer distinção, possam avaliar a própria conduta e a conduta dos demais, bem como decidir e criticar acerca dos recursos postos à sua disposição no processo deliberativo. Em uma autêntica democracia, a pessoa humana não é apenas um corpo, nem uma alma em busca de uma salvação eterna, mas essencialmente uma pessoa deliberativa, capaz de decidir seu próprio destino, dosando e criticando a relação entre meios e fins. A partir da ideia de uma pessoa deliberativa, será possível proceder-se a uma avaliação correta dos meios e dos fins, sem uma subordinação à forma de seus enunciados.

---

19 HABERMAS, Jürgen. "Der interkulturelle Diskurs über Menschenrechte". *Frankfurter Rundschau*, 4 de fevereiro de 1997, p. 10.

20 SEN, Amartya. *Identidade e violência: a ilusão do destino*. São Paulo: Iluminuras, 2016, p. 89.

A violência, mesmo desvinculada de fins espirituais, mas exercida pelo Estado, é uma oposição à liberdade, que é preceito primordial inerente a cada pessoa e condição da própria regulamentação legal. Deve-se ver, ademais, que a submissão do indivíduo ao capitalismo global e suas formulações legais também dá origem a uma ressignificação de sua função no mundo.

Examinando as formas de ação social, Balibar distingue dois modos de violência, opostos, mas complementares: a violência sistêmica ou "ultra-objetiva" do capitalismo global, que leva ao conceito de excluídos e descartáveis, dos quais pouco se fala porque o próprio sistema a internaliza como uma ideologia a ser seguida, e a violência "ultra-subjetiva" dos "fundamentalismos" emergentes,[21] que se incluem como agentes que visam à substituição da própria estrutura social, e que é combatida explicitamente pelo poder dominante dos países centrais com ampla divulgação nos meios massivos de comunicação.

De qualquer forma, também em sua abordagem objetiva, a configuração da violência, até por força da sociedade digital, segue uma conceituação subjetiva, que visa a mascarar seu verdadeiro significado. Se a violência dos fundamentalistas é explícita em suas ações contundentes, a violência do Estado capitalista está sempre camuflada, porque exercida conforme regras e executada por serviços especializados, como as agências de controle (polícia, Ministério Público e Judiciário), e, também, justificada nos mais amplos processos de comunicação vinculados ao poder.

---

21 BALIBAR, Étienne. "La violence: idéalité et cruauté". In: *La crainte des masses: politique et philosophie avant et après Marx*. Paris: Galilée, 1997; ŽIŽEK, Slavoj. *Violência*. São Paulo: Boitempo, 2015, p. 61.

3.7 Violência e universalidade

Nesse momento será interessante repensar a frase hegeliana de que "todo real é racional, todo racional é real". Para se compreender essa relação, será preciso revisitar alguns trechos da obra da Hegel, nos quais ele trabalha essa assertiva de acordo com sua tematização.

Inicialmente, conforme Hegel, "Toda consciência imparcial se situa nessa convicção, assim como a filosofia, e isso procede, em sua consideração, do universo espiritual, bem como do natural".[22]

A partir desse enunciado, Hegel busca distinguir entre "existência" (*Existenz*), como aparência, subordinada a alguma condição, ou seja, a alguma causa, e "realidade" (*Wirklichkeit*), como existência concreta, que tem dentro de si o próprio possível; desse modo, algumas coisas podem simplesmente existir, ou seja, podem ser produzidas por uma condição (causa), mas não são reais, quando não possam completar o todo; portanto, não pode ser tratado como real aquilo que não está suficientemente constituído; o real será, então, o que não depende de qualquer condição.[23] Está claro que a expressão "realidade" é, aqui, tomada por Hegel em outro sentido do que normalmente é usada. Normalmente, expressamos como realidade tudo o que não é produzido

---

22 HEGEL, Georg Friedrich. *Grundlinien der Philosophie des Rechts*. Hamburgo: Felix Meiner, 1995, p. 14: "In dieser Überzeugung steht jedes unbefangene Bewusstsein, wie die Philosophie, und hiervon geht diese ebenso in Betrachtung des geistigen Universums aus des natürliche".

23 HEGEL, Georg Friedrich. *Phänomenologie des Geistes*. Hamburgo: Felix Meiner, 1988, 8:47 e ss.

abstratamente pelo pensamento; quer dizer, real será o mundo empírico. Contrapondo-se a essa concepção, Hegel traça a distinção entre "existência" (*Existenz*), estruturada em torno da causalidade, portanto, no sentido empírico, e "realidade" (*Wirklichkeit*), que se refere a todo o conjunto da existência, pelo qual se poderá, então, extrair o significado de racionalidade. Só será racional, portanto, o todo, que se aperfeiçoa para além da existência causal.

Ainda, tendo em conta a separação entre a parte e o todo, pondera Hegel:

> Na vida comum, por exemplo, toda fantasia, erro, maldade e o que pertence a esse lado, bem como toda a existência, por mais aparente e transitória que seja, é acidentalmente chamada de realidade. Mas, mesmo para um sentimento comum, uma existência acidental não merecerá o nome enfático de real; o acidental é uma existência que não tem valor maior do que o de um possível, que não pode ser tão bom quanto é.[24]

É bem de se ver que Hegel discute essa relação entre real e racional em várias passagens de sua obra, mas sob o panorama idealista, ou seja, sob a perspectiva da consciência.

---

24 Ibid., 8:47: "Im gemeinen Leben nennt man etwa jeden Einfall, den Irrtum, das Böse und was auf diese Seite gehört, sowie jede noch so verkümmerte und vergängliche Existenz zufälligerweise eine Wirklichkeit. Aber auch schon einem gewöhnlichen Gefühl wird eine zufällige Existenz nicht den emphatischen Namen eines Wirklichen verdienen;–das Zufällige ist eine Existenz, die keinen größeren Wert als den eines Möglichen hat, die so gut nicht sein kann, als sie ist".

Para o que interessa ao direito e mais precisamente à relação entre a aparência e a realidade das disposições legais, afirma ele: "Uma disposição legal pode se mostrar perfeitamente fundamentada e coerente com as circunstâncias e instituições legais existentes e, ainda assim, ser ilegal e irracional em si mesma".[25]

Será, assim, irracional e afastada da realidade uma disposição legal que não expresse o conjunto de todas as condições. Quando o Estado não explicita suas verdadeiras intenções, quando se apresenta como detentor do bem comum, mas apenas se instrumentaliza para assegurar privilégios do bloco no poder, falsifica suas disposições legais, que não poderão ser tidas como racionais.

Seguindo, por outro lado, o pensamento de Adorno, que atualiza o significado de real e racional em termos materiais, será possível compreender que a realidade racionalizada da era digital não pode se afastar de um conceito global, quer dizer, só terá sentido afirmar sua racionalidade e, pois, sua realidade, à medida que possa contribuir para a emancipação do ser humano. A emancipação, nesse caso, como um conceito global, pode ser tratada, então, como real e racional, à medida que não dependa de qualquer condição. Quando a era digital escamoteia o conceito real de violência para expressá-lo, unicamente, como um significado subjetivo, que decorre de uma ideologia dominante, contribui para intensificar um processo de submissão e não de liberação do indivíduo.

---

25 Ibid., 7: 37; 10: 324: "eine Rechtsbestimmung kann sich aus den Umständen und vorhandenen Rechtsinstitutionen vollkommen gegründet und konsequent zeigen lassen und doch an für sich unrechtlich und unvernünftig sein".

A liberação do indivíduo não pode, assim, depender de uma condição, de um significado desprovido de uma completude. Nesse aspecto, a ideologia desempenha o papel que lhe assinala Villoro, de disfarçar os interesses e preferências de um grupo no poder e fazê-los passar como interesses universais e, assim, incorporados e anuídos por todas as pessoas.[26] Há, aqui, uma falsificação do real, como se as preferências do bloco no poder fossem interesses universais, ou seja, como aperfeiçoamento do todo.

A concepção de universalidade, por seu turno, foi praticamente introduzida na política a partir do contrato social, o qual, segundo Rousseau, estaria orientado sob o manto da "vontade geral", comum do povo, no sentido do bem de todos e que daria lugar ao princípio da igualdade.

Dizia Rousseau:

> Numa legislação perfeita, a vontade particular ou individual deve ser nula, a vontade do corpo, própria do governo, bastante subordinada; e, por conseguinte, a vontade geral ou soberana sempre dominante é a regra única de todas as outras.[27]

Está claro que a vontade geral é apenas uma ideia, uma espécie de metáfora sem correspondência à realidade do contexto social, o qual será sempre heterogêneo. A partir dessa ideia

---

26 VILLORO, Luis. *El concepto de ideología.* Cidade do México: Fondo de Cultura Económica, 2015, p. 16.

27 ROUSSEAU, Jean-Jacques. *Do contrato social.* Jandira: Principis, 2021, p. 76.

de Rousseau, o conceito de universalidade foi incorporado pela filosofia, principalmente por Kant.

Kant faz dessa universalidade o princípio da lei moral, consoante o enunciado do imperativo categórico: "atue de tal modo que a máxima de tua vontade, em qualquer tempo, possa valer igualmente como princípio de um legislador universal",[28] tendo como consequência que a razão pura "é por ela mesma uma razão prática e fornece ao ser humano uma lei universal, que podemos denominar de lei moral".[29]

A ideia do universalismo foi também acolhida por Habermas, para fundar sua teoria do consenso, que tem como pressuposto não um indivíduo isolado, mas sim um processo de interação pragmática de sujeitos capazes de se comunicarem linguisticamente, sobre cuja base se pretende construir uma sociedade livre de qualquer domínio.[30] Embora em Habermas a universalidade esteja vinculada à construção ideal dessa futura sociedade democrática, na qual se busca, mediante uma teoria crítica, uma emancipação comunitária da pessoa no chamado mundo da via, não pode estar ela divorciada do eurocentrismo. Em oposição a isso, demonstra Foucault

---

28 KANT, Immanuel. *Kant. Kritik der praktischen Vernunft. Werke in sechs Bänden*. Tomo 3. Colônia: Könnemann, 1995, p. 310: "handle so, als ob die Maxime deiner Handlung durch deinen Willen zum allgemeinen Naturgesetze werden sollte".

29 Ibid., p. 312: "Reine Vernunft ist für sich allein praktisch, und gibt (dem Menschen) ein allgemeines Gesetz, welches wir das Sittengesetz nennen".

30 HABERMAS, Jürgen. "Was heißt Universalpragmatik?". In: APEL, Karl-Otto (org.). *Sprachpragmatik und Philosophie*. Frankfurt: Suhrkamp, 1976, pp. 174-272; HABERMAS, Jürgen. *Student und Politik: eine soziologische Untersuchung zum politischen Bewusstsein Frankfurter Studenten*. Berlim: Neuwied, 1961.

como o princípio da universalidade, que não tem qualquer consistência material, que se resume a um mero conceito, sempre serviu para o controle do poder sobre a sociedade,[31] até porque o discurso racional se não fosse impossível seria, no mínimo, fútil.

Como pondera Faltinger:

> [...] se o poder é onipresente e constitui o sujeito, então ocorre o seguinte: a) há dominação em vez de igualdade entre os indivíduos; b) não há como escapar do poder; c) as ações do sujeito são meramente os efeitos do poder.[32]

Isso significa que a invocação de uma universalidade, defendida pelo Estado, é mais um recurso para camuflar os interesses que estão por trás das normas e dos enunciados, em face de uma sociedade absolutamente desigual e heterogênea.

Apesar de tão distantes, tanto no seu âmbito quanto nos seus fundamentos, as duas acepções de violência, a violência objetiva e a violência subjetiva, ainda não foram definitivamente separadas na sociedade contemporânea. Por esta razão, a análise da violência deve passar por uma verdadeira reconstrução do seu conceito, a partir da qual podemos definir

---

31 FOUCAULT, Michel. *Vigiar e punir*. Petrópolis: Vozes, 2014.

32 FALTINGER, Constanze. "Foucault contre Habermas: Une évaluation". Amazon. Disponível em: <https://www.amazon.com.br/Foucault-contre-Habermas-%C3%A9valuation-French-ebook/dp/B0BQD3784M> Acesso: 8 ago. 2025. Pp. 8-9: "Car si le pouvoir est omniprésent et s'il constitue le sujet, alors il y a) domination au lieu d'égalité entre les individus, b) il n'y a pas d'échappatoire au pouvoir, et c) les actions du sujet ne sont que des effets du pouvoir".

com precisão o seu alcance e questionar sua legitimidade. Não importam suas justificações legais, é preciso materializar a discussão em torno de seus elementos. A materialização desses elementos facilita a identificação das contradições existentes no próprio conceito, as quais não são medidas pela relação entre conceito e realidade empírica, mas sim pelo alcance que esse conceito induz ou determina. É que, independentemente do acerto ou desacerto dos enunciados, há uma descontinuidade entre o conceito e a realidade empírica, até porque a percepção dessa realidade não é uniforme para quem realiza a pesquisa, o qual estará sempre associado às condições de seu mundo da vida.

Aliás, nem sempre se poderá dizer que um enunciado corresponde à realidade empírica. Pode ser que um enunciado descreva um fato, mas, mesmo ao descrevê-lo, esse enunciado será apenas uma forma de interpretar a realidade, como ocorre, por exemplo, com as descrições das ações proibidas no Código Penal. Adotando-se uma concepção dialética, podemos dizer que essas proibições não são universais, são contingentes ao contexto sobre o qual buscam atuar.

4

O ALCANCE DO CONCEITO DE VIOLÊNCIA

4.1 Violência e maldade

Não podemos compreender o significado da violência nem a conceptualizar sem situar previamente as diferentes formas que assume. Em todo o caso, a violência tornou-se o tema privilegiado de todas as investigações de política criminal, bem como de todas as conversas privadas e programas públicos. Fala-se da violência tão fácil e familiarmente como se se tratasse de um animal de estimação ou de um brinquedo, ou como se ela esgotasse todas as nossas preocupações e ocupasse todos os momentos de nossa breve existência. Esta familiaridade, ao mesmo tempo que banaliza as questões da violência e as dá por adquiridas e sedimentadas, contribuiu, por sua superficialidade, para obscurecer vários elementos que deveriam povoar essas especulações e que são essenciais para avaliar o seu alcance.

Em geral, a violência é tratada como elemento do Mal, cuja gênese nunca foi explicada de forma convincente pela filosofia, pela história, pela ciência política, pela psicologia, pela criminologia ou pelo direito. A tradição ocidental calca sua origem em um ato de rebeldia ou desobediência em face da divindade, quando no Éden as criaturas resolvem provar os frutos proibidos da Árvore da Sabedoria. Essa mesma alegoria pode ser encontrada na mitologia grega, quando Tântalo é expulso da convivência divina por haver revelado um conhecimento, ao qual não poderia ter acesso. Em ambos os casos, a própria reação divina é desproporcional à infração, banindo os infratores para sempre do seu sítio originário. Tântalo, inclusive, foi mergulhado num regato, mas quando sentia sede e se abaixava para beber, a água desaparecia; sobre sua cabeça pendia um ramo de frutas, mas quando ele se preparava para comê-las, um golpe de vento as levava para longe.[1] A partir dessa tradição, que se incorporou nas especulações sobre as infrações e sua punição, em que esta se exterioriza como extravagante e até mesmo como violenta pelo ato de expulsão, mas justificada em face da simples desobediência, pode-se ver de que modo o conceito de violência é camuflado, quando decorra de ato de autoridade e sempre justificado. Há nessa relação, portanto, um fundo religioso que ampara a atitude da autoridade e a justifica. Por outro lado, à medida que se analisa a relação entre a desobediência e a reação da autoridade, abre-se a possibilidade de verificar que a infração, segundo a tradição, pode resultar de um ato de fraqueza espiritual, quando o homem se deixa seduzir pela mulher para comer o fruto proibido, ou como ato de rebeldia, quando a mulher, estimulada pela serpente, ela mesma infringe a proibição. Sob esse enfoque, busca Noller trabalhar o conceito de maldade e, por consequência, de violência tanto como ato de fraqueza ou incapacidade quanto de rebeldia ou perversão.[2]

A associação entre maldade e violência pode indicar, justamente, como as especulações teóricas sobre esse tema variam em torno desses dois eixos traçados por Noller, que podem englobar seu conceito sob a perspectiva de um defeito do indivíduo, que dará lugar às concepções do positivismo criminológico, ou do próprio sistema, que pode desencadear no sujeito fraco um ato de violação da proibição ou estimular

---

1 BAUMAN, Zygmunt. *Comunidade: a busca por segurança no mundo atual.* Rio de Janeiro: Zahar, 2003, p. 10.

2 NOLLER, Jörg. *Theorien des Böses.* Hamburgo: Junius, 2017, posição 38.

sua rebeldia como exteriorização de sua livre vontade. Em qualquer dos casos, a violência é vista, portanto, como consequência de uma infração, como ato individual. A maldade, no caso, a partir do enlace com os enunciados legais, se convola em delito, cuja definição irá embasar todo o arcabouço do conceito de violência.

A narrativa da tradição demonstra, por sua vez, que a autoridade divina é mais violenta do que os próprios infratores da proibição, quando lhes aplica uma pena absolutamente desproporcional ao fato cometido, o qual se resume a uma mera desobediência. Interessante é que a desobediência nasce precisamente da ânsia pelo saber. Tudo seria permitido, com exceção de se aventurar para saber mais do que lhe fora, ordinariamente, destinado. A narrativa dessa tradição, puramente ocidental, não difere muito de nossa atual realidade, em que os atos impuros jamais atingem a autoridade. A autoridade, segundo essa tradição, tudo pode, até mesmo ultrapassar os limites da proporcionalidade. Essa origem religiosa de justificação dos atos de autoridade, como necessários para coibir a desobediência, se incorporou historicamente na estrutura social e não foi superada nem mesmo pelos teóricos do Iluminismo. Se, de um lado, buscavam eles sua superação por meio de um suposto contrato social, pelo qual os próprios indivíduos decidiriam sobre os poderes que deveriam conferir ao Estado, portanto, em um sentido limitativo, por outro, não se importavam com o significado simbólico desse poder, que se fazia estender sobre todos os destinatários das normas.

Não à toa, o sentido moderno de democracia estruturado sobre o consenso ainda não se desvinculou de tratar os indivíduos como súditos, agora iludidos sob a promessa de uma participação no destino de sua própria existência, que, sem dúvida, só pode ser compreendida como existência do mercado. O conceito de mercadoria que implica um ato de troca induz a ideia de que essa troca é ato individual, orientado pelo sentimento de necessidade do consumo. A individualização do ato de troca, por sua vez, robustece também a ideia de que a violência é ato do indivíduo, assim como os atos de rebeldia em face do fruto da árvore proibida.

4.2 O colonialismo epistêmico

Podemos dizer, assim, que, em termos de segurança, a grande proposta teórica da sociedade contemporânea, urdida para robustecer o poder, foi a de recuperar seu significado primitivo, que justificava uma atuação rigorosa contra a desobediência, e ligar indissoluvelmente o conceito de violência ao de criminalidade. Violência e criminalidade passaram a ser consideradas expressões praticamente sinônimas. Note-se, porém, que a violência não é apenas a capa que reveste o crime ou que caracteriza sua execução, a violência está em todos os lados, tanto nas relações entre os indivíduos e entre estes e o Estado, quanto nas relações entre esses e o próprio mundo. Essa extensão da violência para todos os ambientes e mundos da vida irá desencadear o processo de sua naturalização, obliterando suas verdadeiras origens e solidificando seu conceito em um quadro cognitivo, que podemos chamar de colonialismo epistêmico. É bem próprio do colonialismo a destruição de todos os vínculos originários e a imposição de uma ideologia de dominação semelhante à relação medieval entre senhor e servo, pela qual este último se encarrega de explorar o solo em proveito daquele. Ainda que os movimentos de defesa do ambiente se tenham difundido a partir da ampliação do conceito de direitos humanos, a exploração do solo permanece como um elemento essencial à manutenção das relações de poder. O agronegócio não é uma invenção moderna, é o elemento de ligação entre o domínio dos meios de produção e o exercício do poder político. Por outro lado, em face da prioridade assumida pelo negócio, podemos ver como o ser humano trata a própria natureza em geral, destruindo seu solo, sua flora, sua fauna, exterminando inúmeras formas de vida que jamais poderão se recuperar em sua estrutura básica, alterando ambientes e paisagens que jamais voltarão, transformando o mundo em um grande depósito de lixo.

4.3 Violência e meio ambiente

A propósito da produção controlada de carne, ninguém ignora a violência que resulta da atividade dos frigoríficos, executando animais com mecanismos contundentes. Os gritos desesperados das ovelhas a serem abatidas, dos porcos ao receberem as punhaladas e dos bois, espremidos nos bretes para esperarem as pauladas ou os sangramentos ininterruptos, as expressões assustadas das aves no matadouro ou os movimentos angustiados dos peixes quando são apanhados não se apagam facilmente da memória de quem os viveu ou observou.

Nesta relação simplista com a própria sobrevivência, nunca passa pela cabeça de ninguém que a destruição do corpo de um animal não pode ser justificada, simplesmente, com o único objetivo de satisfazer à gula ou ao apetite. Por sua vez, ao se formular que a morte do animal também se torna necessária para a sobrevivência do corpo humano se faz desaparecer essa antinomia, de modo que, perante a finalidade do argumento de que o sacrifício é aqui justificável, a morte do animal não pode ser incluída no conceito de violência. Mais uma vez, a banalização da atividade conduz à sua simplificação e, consequentemente, à deturpação da sua qualidade, até porque a fome poderá ser saciada de outro modo. É interessante ver como os povos originários sempre trataram a natureza, como um organismo vivo e não como simples objeto de desfrute e descarte.

Adorno faz notar, por isso mesmo, que o domínio do ser humano sobre outro ser humano passa, necessariamente, pelo domínio sobre a natureza.[3] Quem destrói a natureza, a qual lhe dá vida e conforto, não se importa em eliminar seu semelhante. Aí reside a contradição básica do que hoje chamamos de meio ambiente. Se a natureza é um organismo vivo, conforme nos ensina a cultura yanomami, sua depredação constitui também uma interferência na própria humanidade.[4] Essa coisificação da natureza e sua transformação de sistemas vivos em sistemas mecânicos, no dizer de Flávia Alvim e José Luiz De Magalhães, reflete justamente o pensamento utilitarista, que provoca a marginalização e a grave crise ecológica.[5] A proteção ao meio ambiente, por isso mesmo, não pode ser reduzida a uma política de conveniência dos governos. A

---

3 ADORNO, Theodor W. *Vorlesung über Negative Dialektik*. Frankfurt: Suhrkamp, 2003, p. 21.

4 CASTRO, Eduardo Viveiros de. "Prólogo". In: KOPENAWA, Davi; ALBERT, Bruce. *A queda do céu*. São Paulo: Companhia das Letras, 2019.

5 CARVALHO, Flávia Alvim de; MAGALHÃES, José Luiz Quadros de. *Ecologia jurídica*. Belo Horizonte: Casa do Direito, 2024, p. 21 e ss.

conivência estatal com a destruição e degeneração ambiental, em proveito de interesses econômicos, se integra, dessa forma, no conceito de violência. É interessante notar, ainda, como a familiaridade do extermínio dos animais e do ambiente, em geral, faz com que a violência estatal ou institucionalizada passe despercebida no campo das omissões, as quais só são atribuídas à responsabilidade individual e raramente aos agentes do Estado.

4.4 Monopólio da violência e consenso

De vez que perdida a ligação entre o Rei e o fim divino da ordem natural, o Estado passa a ser reconhecido como detentor do monopólio da violência, porque só ele é capaz de a definir e, portanto, de estabelecer os casos em que pode ser utilizada. Sob esse aspecto, porém, a relação entre o indivíduo e o Estado, tendo em conta o fim que este persegue, pode levar a uma distorção do conceito de violência. Se o Estado detém o monopólio da sua definição e utilização, por meio de normas que ele mesmo edita, sua justificação deixa de ter importância, impõe-se por si mesma. Nos termos de uma concepção positivista, se a atividade de definição da violência pertence ao Estado, este pode justificá-la segundo os interesses dominantes, os quais se sobrepõem aos frágeis indivíduos, que se tornam objetos de suas políticas. Por outras palavras, a perspectiva de justificação dos atos estatais, que seria própria de um regime democrático, se erige em uma definição calcada apenas nas relações interpessoais, que passam a constituir o objeto primordial das políticas públicas.

Com o declínio progressivo das guerras declaradas, mas ainda presentes sob outro nome (excluindo assim qualquer interferência linguística séria quanto ao que é bélico) e o reforço do poder através de um processo de aceitação consensual, personalizado pela opinião pública, pelos meios de comunicação, pelas redes sociais ou pela eficácia do processo eleitoral, o conceito de violência vem a limitar-se agora, definitivamente, à atividade do indivíduo. Essa é a consequência do processo de neutralização burocrática das atividades estatais, as quais conduzem o Estado a assumir, simbolicamente, um papel gestor da organização social, aparentemente equidistante dos interesses dominantes, mas capaz de incorporar uma violência institucional, justificada pelo consenso. Se é o consenso que, simbolicamente, autoriza a violência estatal, torna-se relevante também a questão de sua definição e determinação.

Quando se fala em consenso, é preciso distinguir, pelo menos, dois significados: o consenso contratual e o consenso político. Há, por outro lado, nesses dois campos do consenso uma variedade de objetivos. Em princípio, o consenso quer possibilitar uma coesão em torno de objetivos comuns. Por exemplo, na constituição de uma empresa, o contrato social irá expressar não apenas a definição das diversas atribuições dos dirigentes, conforme as respectivas competências, como conduzir à execução de tarefas que dizem respeito às suas finalidades. Para que, assim, uma empresa possa funcionar, será preciso que os atos atribuídos aos participantes tenham uma convergência para a consecução do projeto comercial de sua própria constituição. No que toca ao consenso político, porém, como não há projetos comerciais pré-definidos que possam orientar a atividade e a responsabilidade de todos, segundo um contrato, o consenso se destina ao que Max

Weber já havia consignado, que seria o respaldo a um projeto político, de tal forma que possa situar o Estado como órgão autônomo e neutro em face dos conflitos sociais. Nesse caso, o consenso, obtido simbolicamente e dissimulado pela intervenção do aparato burocrático, teria também o condão de impedir manifestações de rebeldia ao poder constituído. Por isso, pode-se dizer que qualquer formulação do consenso não pode prescindir de sua prévia vinculação ao tipo de regime político que se quer instituir. Como o consenso tem o objetivo principal de fortalecer o Estado e, por ende, o bloco no poder, sem que seja necessário o emprego constante de força militar para sua consecução, portanto, como instrumento de contenção da rebeldia, apresenta ele variadas características, que irão se manifestar na concretização das diversas formas de democracia. Fala-se aqui de democracia, mas os regimes autoritários, por sua vez, também trabalham no sentido de se mostrarem associados a um projeto político global, que, embora prescinda de um consenso direto, se calca em uma propaganda indutora de uma certa aceitação simbólica. Afora, claro, a postura de se buscar no consenso um critério para definir a verdade das proposições, conforme os enunciados ofertados por Habermas.

Sob o enfoque de suas variadas características, informa Braun que o consenso pode ser visto sob diversos ângulos. Primeiramente, como um fenômeno relacionado às qualidades do social, em termos de identidade e homogeneidade; depois, em face da organização política e sua tomada de decisão (concordância); finalmente, como fundamento básico de uma ordem política. Em seu uso, portanto, o consenso constitui tanto um princípio normativo, quanto uma medida descritiva de persistência, que servirá para descrever um modo de política, bem como um tipo de categorização de regimes políticos.[6] Nesse sentido, a questão do consenso diz respeito à relação entre o indivíduo (o um) e a coletividade (o múltiplo), a qual, de certa forma, implica sua configuração dentro de uma democracia. Essa relação, por seu turno, irá determinar as fricções entre consenso e dissenso, contingência e constituição, bem como entre a lei e o ambiente.[7]

O significado e a abrangência do consenso, segundo Braun, são, porém, controvertidos, porque encerram diversos enfoques.[8] Hättich, por exemplo, propõe sua diferenciação sob três tipos: o consenso sobre a ordem, o consenso sobre o procedimento e o consenso sobre os valores.[9] Esses três tipos de consenso, por seu turno, se ligam às características da própria democracia e estão nela presentes.

Segundo Braun, as democracias exigem um amplo consenso sobre a ordem porque esse acordo básico apoia principalmente a unidade do todo. Ainda que nem todas as ordens políticas, conforme as características e formas da democracia, não pressuponham esse acordo básico, é preciso, porém, que tenham capacidade de superar o dissenso. Embora essa construção da ordem política tenha, implicitamente, uma orientação de superar o dissenso, é preciso ponderar, segundo Braun, que as democracias não podem sobreviver sem uma determinada oposição, sob pena de se desestabilizarem em

---

6 BRAUN, Tobias. *Der politische Konsens: Über die Suche der Demokratie nach dem verlorenen Einen*. Bielefeld: Transcript, 2024, p. 61.

7 Ibid., p. 26.

8 Ibid., p. 61.

9 Ibid., p. 63; HÄTTICH, Manfred. *Grundbegriffe der Politikwissenschaft*. Darmstadt: WB, 1969.

favor de um Estado autoritário. Então, as expectativas em torno de um consenso subjetivo devem ser limitadas, a fim de preservar um mínimo de autonomia dos interesses individuais.[10] O consenso sobre a ordem, portanto, só poderá ser legítimo à medida que a maioria esmagadora da comunidade esteja convencida dessa legitimidade, de modo a situar esse sistema como preferencial em face de outros.[11]

O consenso sobre a ordem diz respeito à concordância com a ordem constitucional; já o consenso sobre o procedimento, que reproduz, de certa forma, o antigo esquema kantiano, se refere, praticamente, à concordância sobre condutas. Para Hättich esses dois tipos de consenso se interligam, até porque a ordem não pode estar desvinculada de um procedimento, e o procedimento se situa, sempre, em determinada ordem.[12]

Uma ordem e um procedimento se situam, por sua vez, em uma base compartilhada, que, segundo Hättich, pode ser encontrada nas normas e nos valores coletivos. Os valores, ainda que decorram de enunciados normativos, são necessariamente inespecíficos e vagos e, portanto, podem ser interpretados e aplicados de diversas formas. Essa diversidade de interpretação não impede a cooperação, mas como esta se encontra no pluralismo deve permitir a discordância e a heterogeneidade em questões de valores. Justamente essa base de discordância acerca dos valores, entre a coletividade e os particulares, é própria da democracia, a qual, no entanto, ainda que não possa encontrar um consenso universal, deve

10 BRAUN, op. cit., p. 64.

11 Ibid., p. 64.

12 Ibid., p. 65.

proporcionar, segundo Hättich, acordos parciais e provisórios. Essa provisoriedade estimula também a que o consenso e o dissenso contribuam, conjuntamente, para que as normas sejam sempre postas em discussão.[13] Vê-se, assim, que o projeto de uma democracia real jamais poderá ser alcançado, até mesmo teoricamente, sem se admitir que todo o sistema político está assentado sobre as bases de uma sociedade conflitiva, que não perde essas características, mesmo quando, simbolicamente, compreendida como uma comunidade orientada pela concordância.

Justamente em face dessa conflitividade, e afora as considerações de Hättich, que são praticamente descritivas quanto aos enunciados da democracia e, por isso mesmo, orientadas à sua persistência, a questão do consenso toma outro rumo, quando vincado ao enfoque crítico da própria sociedade. Essa virada no conceito do consenso segue, praticamente, dois estágios. Primeiro, com a inserção de uma análise linguística de sua construção, desenvolvida pelo Círculo de Viena e, depois, com a contribuição de Austin acerca dos atos de fala; Segundo, com a contribuição da Escola de Frankfurt.

Está claro que, com algumas exceções, por exemplo Neurath,[14] os próceres do Círculo de Viena não se dedicaram a uma crítica social, mas, de qualquer modo, ao enunciarem uma análise das relações intersubjetivas por meio da linguagem acenaram com uma alteração metodológica capaz de pôr em relevo as tensões entre os enunciados e a realidade empírica.

---

13 Ibid., p. 65.

14 NEURATH, Otto. *Wissenschaftliche Weltauffassung, Sozialismus und logischer Empirismus.* Frankfurt: Suhrkamp, 1979, p. 235 e ss.

Na geração de Adorno e Horkheimer, pode-se ver que a sociedade não é homogênea, compondo um quadro sistemático e contínuo de divergências e conflitos. Uma tal sociedade conflitiva não poderia, assim, comportar um consenso que pudesse respaldar os interesses do Estado e, consequentemente, do bloco no poder, sob o manto de um bem comum. A própria sequência dialética implicaria uma constante de negações e negações, jamais concludente e exaurida por uma síntese de afirmação.[15] Como consequência, o projeto de racionalização das atividades estatais é puramente instrumental, portanto, a serviço do poder.[16]

Por sua vez, como expoente da geração mais recente da Escola de Frankfurt, propõe-se Habermas a superar a chamada razão instrumental e trata de elaborar uma análise crítica da questão do consenso com base em três pontos: na ação comunicativa como uma prática discursiva de entendimento racional; no mundo da vida, cujo conceito, emprestado de Husserl, serve como base para a coordenação intersubjetiva; na figura da pessoa deliberativa, que irá constituir o fundamento da preservação da autonomia do sujeito. Esses três pontos de análise do consenso fazem parte da proposição conceitual de uma democracia deliberativa, que, segundo Habermas, estaria representada pelos regimes que se instituíram no pós-guerra.

No tocante aos objetivos da formulação de uma teoria comunicativa de ação, assim se pronuncia Habermas:

---

15 ADORNO, Theodor W. *Dialética negativa*. Rio de Janeiro: Zahar, 2009, segunda parte.

16 ADORNO, Theodor W.; HORKHEIMER, Max. *Dialética do esclarecimento*. Rio de Janeiro: Zahar, 1985, p. 120.

> Trata-se, primeiramente, de um conceito de racionalidade comunicativa, que se tem desenvolvido ceticamente e que certamente se contrapõe à redução instrumental da razão; em seguida, de um conceito de sociedade em dois estágios, que unifica, não apenas no sentido retórico, os paradigmas do mundo da vida e de sistema; finalmente, de uma teoria da modernidade, que esclarece o tipo das patologias sociais, sempre visivelmente salientes, sob a suposição de que os campos vitais, estruturados comunicativamente, se submetem aos imperativos dos sistemas de ação formal e autonomamente organizados.[17]

Ao se opor ao conceito de racionalidade instrumental, formulado por Adorno e Horkheimer, busca Habermas situar suas pretensões em três estágios: metateórico, metodológico e empírico. No primeiro estágio, discute sobre o conceito de racionalidade que se apresenta no dia a dia; no segundo, trabalha a racionalidade em torno de sua perspectiva evolucionária, que caracteriza o entendimento da modernidade; no terceiro, vincula racionalidade e sociedade.

O conceito usual de racionalidade, no entanto, é tomado, aqui, com caráter provisório, em que se assinala a vigência de uma pretensão de verdade. Essa pretensão de verdade está sempre presente nas afirmações do dia a dia, nas quais os interlocutores afirmam, duvidam e tentam comprovar o que afirmam ou negam. Há, portanto, nesse ponto, um jogo de linguagem, que delimita o discurso. Por exemplo,

---

17 HABERMAS, Jürgen. *Theorie des kommunikativen Handelns*. Frankfurt: Suhrkamp, 2014, v. 1, p. 8.

o Flamengo dispensou hoje o jogador x (primeira afirmação); não é possível (primeira negação); sim, eu li no jornal (segunda afirmação); eu li ontem que haviam chegado a um acordo (segunda negação). Essa sequência de afirmações e negações não comprova, porém, a existência do fato, apenas reforça que se torna visível uma pretensão de verdade. Por isso, considera Habermas tratar-se apenas de proposições assertóricas, ou seja, proposições objetivas, que podem ser verdadeiras ou falsas.

Apesar dessas proposições serem apenas objetivas, isso não implica que estejam desvinculadas da realidade. Nesse ponto, todas as afirmações e negações não podem prescindir do mundo da vida. Isso lhes assinala uma certa racionalidade e, ao mesmo tempo, situa as proposições em uma relação intersubjetiva, que caracteriza uma sociedade comunicativa, na qual cada um se torna responsável por suas afirmações ou negações.

Diz Habermas: "Nos contextos do agir comunicativo só pode ser capaz de responsabilidade quem, como membro de uma comunidade comunicativa, possa orientar sua conduta com pretensão de validade".[18]

Tendo em vista, ademais, que o mundo da vida não congrega apenas elementos empíricos, mas também normas, a pretensão de validade deve se situar frente ao que a ordem jurídica proíbe ou permite. O direito, nesse caso, se torna imprescindível como elemento vinculante do mundo da vida.

As proibições e permissões, no entanto, não se formam da noite para o dia, mas incorporam elementos de como as relações evoluem. A racionalidade do discurso, então, se

---

18 Ibid., v. 1, p. 34

desenvolve a partir da consideração de que as formações sociais devam ser compreendidas nos sentidos sincrônico e diacrônico, de tal modo que possam estabilizar pretensões universais de validade. Essa estabilização decorre justamente de um processo contínuo de aprendizagem, que fortalece o pensamento racional.

No que toca aos fundamentos, Habermas parte da ideia de que toda comunicação pressupõe, necessariamente, um discurso, o que faz da linguagem o instrumento essencial à obtenção do consenso. Em uma democracia radical, segundo Habermas, todas as normas jurídicas se expressam, portanto, em um discurso.

Assim fundamenta Habermas as particularidades desse discurso:[19]

> A tensão entre as proposições normativas, que estão sempre sob o perigo de perderem o contato com a realidade social, e as proposições objetivas, que ocultam todos os aspectos normativos, pode fazer compreender o aviso de não se fixar em uma visão disciplinar, mas deixá-la em aberto para diversas alternativas metodológicas (partícipe versus observador), para diversos objetivos teóricos (explicação significativa e análise conceitual versus descrição e esclarecimento), para diversas perspectivas de papeis (juiz, político, legislador, cliente e cidadão) e configurações de pesquisa pragmática (hermeneutas, críticos, analistas etc.).

---

19 HABERMAS, Jürgen. *Faktizität und Geltung*. Frankfurt: Suhrkamp, 1992, p. 21.

A partir disso, o consenso pode ser provisório, como ocorre na vida diária, e pode também ser motivado em face de normas já estabilizadas. Contudo, para se chegar ao consenso é necessário ainda que cada um dos participantes do discurso detenha alguma capacidade de fazê-lo. Como o discurso de qualquer participante está vinculado a uma pretensão de validade, ou seja, que deva ser acatada por todos, o consenso só se torna possível quando preenchidas algumas condições: a) que cada um dos participantes possa emitir juizos acerca de seu comportamento e do comportamento dos demais; b) de que cada um dos participantes possa emiti-los livremente; b) de que a cada um dos participantes tenham sido concedidas chances iguais de manifestação; c) de que cada um possa compreender o discurso, conforme sua vinculação ao mundo da vida; d) de que no final prevaleça o melhor argumento.

O processo de obtenção do consenso percorre, portanto, algumas etapas metodológicas, que irão, finalmente, desembocar em afirmação ou negação com validade universal.

O problema da obtenção do consenso, ainda que subordinada a algumas condições, esbarra, porém, em algumas dificuldades. Inicialmente, como assinala Braun, o consenso pressupõe uma determinada formação democrática, que tem por base a criação de um mundo comum. Mas se, por um lado, a democracia constitui uma base para a ordem coletiva e para uma organização política legítima, por outro lado, "a democracia dificilmente pode garantir por ela mesma sua substância e autoridade".[20] Ademais, no mundo contemporâneo não se pode dizer, até mesmo pelo caráter deficitário da democracia de não poder se autogarantir, que toda a formação

20 BRAUN, op. cit., p. 20.

normativa, de proibições e comandos, tenha o selo de legitimidade, ainda que essas normas tenham sido produzidas segundo um processo previsto nas respectivas constituições. Tudo depende de como as forças dominantes nos parlamentos manifestam seus interesses de modo a que esses possam também assimilar os interesses das classes subalternas, o que só se verifica em casos determinados, em pautas muitas vezes aparentemente libertárias, mas que servem exclusivamente a objetivos eleitoreiros. Em uma sociedade desigual, na qual as pessoas das classes subalternas apenas disputam espaços de sobrevivência, será muito duvidoso que se possa alcançar a satisfação de interesses comuns. Diante disso, a normal fricção entre consenso e dissenso, que se verifica nas relações intersubjetivas, se torna ainda mais intensa. Nesse ponto, como observa Scheuerman, a concepção de Habermas, em sua mais atualizada obra, *Faticidade e validade*, que se propõe como complemento da *Teoria do agir comunicativo*, não saberia explicar, porém, como se desenvolvem as inadequações da democracia representativa, nem fazer uma avaliação crítica da democracia capitalista. Isso porque seu modelo alternar-se-ia sob dois polos: de uma democracia radical, que incluiria igualdade social e controle do mercado e da administração, e de uma democracia defensiva, na qual as instituições democráticas exerceriam um controle moderado sobre o mercado e a administração.[21]

---

21 SCHEUERMAN, William E. "Between Radicalism and Resignation. Democratic Theory in Habermas's Between Facts and Norms". In: SCHOMBERG, René von; BAYNES, Kenneth (orgs.). *Discourse and Democracy. Essays on Habermas's Between Facts and Norms*. Nova York: State University of New York Press, 2002, pp. 61-85; BRAUN, op. cit., pp. 15-48.

Independentemente dos déficits da própria democracia, a busca por um consenso parte também da ideia de interesses comunitários comuns que possibilitariam um discurso engajado dos participantes. Tratando da modernidade líquida, adverte Bauman, ao fazer a distinção entre comunidades reais e comunidades idealizadas, que a comunhão de interesses só poderia ocorrer em pequenos grupos, nos quais será possível identificar a qualidade do coletivo. Isso só se mostraria presente, portanto, nos grupos nativos ou ditos pré-modernos, capazes de constituir uma autêntica comunidade, ou seja, uma comunidade real.[22] No mundo contemporâneo, sob o domínio do capitalismo, exacerba-se o individualismo, de tal modo que a igualdade, a homogeneidade e a compreensão seriam desintegradas por influências externas, pois a comunicação não ocorreria mais entre si, "quando o equilíbrio entre a comunicação de dentro e de fora, antes inclinado para o interior, começa a mudar, embaçando a distinção entre nós e eles",[23] de tal modo a "cancelar a função de inclusão e demarcação, e dissolvendo a intimidade e a integridade da comunidade".[24]

Depois de uma longa investigação sobre o consenso e a democracia, conclui Braun que: "Ao final dessa exploração do pensamento político, não pode haver uma definição final de democracia, nem a descoberta de sua verdadeira essência ou a rotulação de um modelo particular de sua ordem". Está claro, então, que a relação entre Estado e pessoa não pode estar acobertada por um imaginário consenso, até porque sua

---

22 BAUMAN, op. cit., p. 14.

23 Ibid., p. 15.

24 BRAUN, op. cit., p. 89.

definição, centrada na possibilidade de uma homogeneidade quanto a objetivos comuns, estabelecidos como pressupostos para a chamada pretensão de validade, de que fala Habermas, esbarra na real dimensão das desigualdades sociais, que não podem ser descartadas de uma teoria crítica.

A partir disso, pode-se dizer que, apesar das tentativas no sentido da construção de uma democracia sobre a base do dissenso, do chamado agonismo proposto por Mouffe,[25] o exercício do poder, desvinculado dos interesses mais prementes da população quanto à própria sobrevivência, jamais prescindiu de uma argumentação de cooptação dessa população para fortalecer os interesses dominantes e evitar, assim, a rebeldia. Nesse sentido, a argumentação em torno do consenso serve a esse propósito, ou seja, constitui um argumento retórico envolvente, capaz de mascarar as verdadeiras finalidades do exercício do poder.

A questão que se coloca, ademais, é como o exercício do poder pode se efetivar sem o emprego de violência. Desde logo, pode-se dizer que o exercício do poder, uma vez impossibilitado um consenso real, mas apenas um consenso hipotético ou normativo, não pode prescindir da violência, violência esta que pode ser definida, seguindo uma proposição da Organização Mundial da Saúde, como

> o uso intencional de força ou poder físico ou psicológico, real ou de ameaça, contra si mesmo ou contra outra pessoa, grupo ou comunidade, do qual resulte, com certeza ou alta probabilidade, lesão,

25 MOUFFE, op. cit., p. 67.

> morte, dano psicológico, desenvolvimento inadequado ou privação.[26]

Vê-se, assim, que, segundo essa definição, a violência não se resume à intervenção física direta sobre as pessoas, mas sim sobre seus direitos fundamentais à própria sobrevivência, ao seu desenvolvimento, físico e mental, e ao acesso aos bens de subsistência.

Por outro lado, o emprego de violência vem sempre justificado pelo Estado, como já se viu, como um instrumento necessário à manutenção da ordem, que no fundo está vinculada à manutenção da obediência. É a velha questão da docilidade dos súditos de que falava Max Weber ao tratar do Estado patrimonialista.[27]

4.5 A transformação linguística

No entanto, se o Estado exerce a violência para manter a ordem, no sentido de manutenção da obediência, e só nestas condições lhe é reconhecido esse poder, isso não desnaturaliza sua atividade como violenta. Porém, se é precisamente o Estado que considera justificada essa atividade violenta, isso leva a uma inversão do uso da linguagem para desfigurar o

---

26 OMS. Disponível em: <https://www.who.int/groups/violence-prevention-alliance/approach>. Acesso em: 11 ago. 2025.

27 WEBER, Max. "Wirtschaft und Gesellschaft". Terceira parte, cap. VII. *Amazon*. Disponível em: < https://www.amazon.com.br/Wirtschaft-Gesellschaft-Grundri%C3%9F-verstehenden-Soziologie-ebook/dp/B00NO50DVY/>. Acesso em: 8 ago. 2025.

seu conteúdo e apresentar essa atividade como um ato de império, ou de poder de polícia.

Essa transfiguração do conceito, através da escolha de uma nova palavra para designar o mesmo objeto, demonstra que "a língua também não é simplesmente um meio de comunicação neutro, não é uma rede telefônica".[28] A utilização de outra palavra para designar o mesmo objeto faz parte de uma estratégia que visa a deslocar a análise da violência do domínio da atividade do Estado para o domínio das relações interpessoais. Há, assim, uma espécie de conversão da violência objetiva do Estado em violência subjetiva, que se restringe à esfera do indivíduo, e essa conversão se faz, justamente, por meio da linguagem. Como a linguagem dissimula sua relação com o objeto, há aqui uma deturpação epistemológica. Em vez de explicitar como a violência se insere na sua estrutura, a linguagem proporciona que essa ideia da violência e sua origem seja projetada como se fora execução exclusiva dos indivíduos maldosos ou sistemáticos violadores do sistema de valores assegurado pela ordem jurídica. Desta forma, o Estado protege-se das críticas à sua legitimidade e continua a manter a sua estrutura, ocultando também suas relações com os interesses dos grandes consórcios econômicos.

Para usar uma velha terminologia marxista, pode dizer-se que a violência estrutural do capitalismo, com as suas zonas de exclusão e marginalização social, se metamorfoseia em violência individual, sedimentando assim a expansão dos aparelhos repressivos. Isto significa que não só o conceito

---

28 BAKHTIN, Mikhail. *Marxismo e filosofia da linguagem*. São Paulo: Hucitec, 2014.

de violência é desfigurado, mas, sobretudo, que todos os processos violentos utilizados pelo Estado para atingir os seus objetivos políticos são encobertos.

Uma vez que a linguagem não é apenas um meio de comunicação, mas um instrumento ideológico com o qual os significados reais são metamorfoseados em significados simbólicos, será necessário procurar um conceito de violência que possa também englobar os atos de violência utilizados pelo Estado para atingir seus fins políticos. Sem uma análise da violência institucional, torna-se impossível construir um conceito que possa abarcar todos seus elementos e, desse modo, superar seu significado simbólico. Está claro que, como qualquer conceito, o conceito de violência pode dizer mais ou dizer menos do que, na realidade, os fatos que se desenvolvem.[29] Importante, porém, será analisar como a contradição do conceito de violência se insere em si mesmo, ou seja, como de conceito simbólico se transforma, por efeito da ideologia e pelos atos de comunicação, em um conceito universalizável e como, com isso, se falseia a realidade.

Nesse ponto, Lenio Streck bem demonstra como a lógica positivista perde sustentação e se vê substituída pela vontade tanto do legislador quanto do julgador, de modo a reservar à norma uma certa indeterminação, a ser preenchida pela discricionariedade, compreendida, agora, como arbitrariedade.[30] À medida que a discricionariedade ou arbitrariedade amplia seu campo, o conceito de violência se transforma de

---

29 ADORNO, Theodor W. *Vorlesung über Negative Dialektik*. Frankfurt: Suhrkamp, 2003, p. 36.

30 STRECK, Lenio. *Verdade e consenso*. São Paulo: Saraiva Jur, 2011, cap. 3.

fato empírico determinado pelo contexto em fato simbólico indeterminado. Fácil será, portanto, escamotear a violência estatal e justificar sua incidência como instrumento para conter a violência individual. Nesse momento é oportuno lembrar da percuciente observação de Dostoiévski: a violência individual pode ainda gerar alguma esperança de vida; a violência estatal é inexorável.[31]

---

31 DOSTOIÉVSKI, Fiódor. *O idiota*. Box Grandes Obras de Dostoiévski. [S. l.]: Mimética, 2025, p. 1658: "Aquele que é morto pelos ladrões ou estrangulado pelos salteadores, durante a noite, no interior de um bosque, conserva até ao último momento a esperança de se salvar. Relatam-se casos de pessoas que, com uma faca ou um punhal atravessado na garganta, esperam ainda salvar a vida, quando não chegam mesmo a correr, a gritar por socorro. Nestes casos, o ladrão ou o salteador procedem com a certeza de provocarem a morte do atacado, mas não lhe tiram, como ao supliciado, a esperança de se salvar, o que torna a morte dez vezes mais tolerável. No caso do supliciado há uma sentença, e o fato de saber que não poderá escapar-lhe, constitui uma tal tortura, que não existe outra mais horrível no mundo".

5

A VIOLÊNCIA COMO CONCEITO SIMBÓLICO

5.1 A resposta do simbólico

A preocupação do Estado em evitar um juízo de legitimidade, encobrindo os elementos latentes de suas atividades e distanciando-os do conceito de violência, sustenta-se principalmente no deslocamento desse conceito de seus objetos reais, em sua totalidade, para associá-lo exclusivamente à criminalidade. Edifica-se, assim, uma estrutura, na qual se produz a identificação entre violência e atividade criminosa e se começa a particularizar o conceito de violência, desligando-o de outros setores e dos objetos aos quais deveria referir-se.

Se apenas uma parte do seu significado for incorporada ao conceito de violência, se sua origem for considerada apenas na prática de atos criminosos individuais e não nas suas relações institucionais, e se esse significado parcial for convertido no seu significado global, o conceito perde sua verdadeira dimensão: de conceito substancial é elevado à categoria de conceito simbólico. Por outro lado, se, neste caso, o objeto parcial, que normalmente preenche o conceito de violência em toda a sua extensão formal, é a atividade criminosa, esta atividade é também elevada à categoria de modelo de violência e, portanto, ao seu conceito simbólico. Uma vez unidos os conceitos de crime e de violência, como representantes da mesma realidade e, portanto, simbolizados pelo mesmo significado, é fácil para o poder estatal tratá-los politicamente, sem se importar com seus efeitos concretos.

A esse conceito simbólico, para que possa desempenhar sua função mistificada, deve corresponder, em primeiro lugar, uma resposta simbólica, como a sanção penal e as suas constantes alterações quantitativas; em seguida, devem ser criminalizados todos os comportamentos que lhe são inadequados; finalmente, a figura do bem jurídico deve ser substituída pela ideia de função. Note-se que a pena, embora simbólica nos seus objetivos, é também um meio material de impor sofrimento. A relação simbólica entre violência e delinquência, portanto, produz também efeitos empíricos reais sobre os indesejáveis. Não altera essa relação o processo de substituir a pena de prisão por penas alternativas. Como explicitou Foucault, as penas alternativas continuam sendo penas e até ampliam o poder de intervenção do Estado, que multiplica substancialmente seus instrumentos de controle, associando aos agentes públicos uma parte considerável de agentes privados.

Foucault é bem explícito:

> Um indivíduo em liberdade condicional é, claramente, um indivíduo vigiado na sua plenitude ou na continuidade de sua vida cotidiana, em todo caso em suas relações constantes com a família, com a profissão, com as frequentações. É um controle que vai ser exercido sobre seu salário, sobre a maneira como usa esse salário, como administra seu orçamento; e, também, vigilância sobre seu habitat.[1]

Na mesma linha, Vera Malaguti Batista demonstra como a multiplicação de penas alternativas influi ainda na extensão e proliferação de criminalizações, agora assentadas nas demandas exigidas pelas pautas identitárias, as quais, embora

---

1 FOUCAULT, Michel. *Alternativas à prisão.* Petrópolis: Vozes, 2022, p. 17.

com nobres propósitos, estimulam formas de justificação da violência estatal, com graves e maléficas consequências para toda a população pobre.[2]

É evidente que a sociedade contemporânea continua sendo racista, discriminatória e misógina, mas essas características não podem ser resolvidas com o emprego da violência estatal, a qual, uma vez estimulada e enaltecida, irá ter por objeto central os mais vulneráveis, que englobam mulheres, negros, indígenas e demais grupos discriminados, como são, entre outros, os que não se situem na categoria heterossexual ou até mesmo de certa nacionalidade. O fenômeno da imigração e seu controle pela polícia dos países centrais demonstra plenamente como a atividade de persecução criminal se expande e se executa sobre diversos grupos de vulneráveis.

O recurso à punição penal, com penas de prisão ou com penas restritivas de direito (mas que ainda são penas criminais), como única forma de tratar da violência, surge assim, para o Estado, como uma tarefa que se enquadra perfeitamente na sua ideologia. Em se tratando de uma tarefa que, em princípio, não visa a qualquer melhoria material para a pessoa imputada e nem a alterar as condições que causaram ou facilitaram o conflito social, tem ela apenas um efeito simbólico. Esta simbolização da resposta jurídica ao cometimento da violência, ela própria simbolizada por única palavra, faz com que o Estado não precise investir na melhoria das prisões, nem se dedicar à resolução dos conflitos que nelas têm lugar, nem desenvolver programas de acolhimento de crianças de rua, nem eliminar a pobreza e dar a cada pessoa uma

---

2 BATISTA, Vera Malaguti. *Ensaios brasileiros de criminologia*. Rio de Janeiro: Revan, 2023, p. 47.

participação efetiva nas conquistas do mundo globalizado. O uso de instrumentos simbólicos, ao mesmo tempo em que exime o Estado de suas obrigações assistenciais, intensifica o processo de exclusão social e reforça a estrutura autoritária de poder. Assim, o surgimento de facções criminosas nas prisões, a tortura, o abandono absoluto dos detentos, as mortes e a consagração de condições subumanas de vida dentro e fora das prisões, principalmente para aqueles que tiveram a infelicidade de serem rotulados pelo sistema, fazem parte dessa desfiguração da vida material e da sedimentação de uma resposta jurídica simbólica que serve para envernizar textos e satisfazer uma teoria abstrata de argumentação.

5.2 As fases da incriminação

Por sua vez, o reforço da estrutura de poder autoritário conduz a uma incriminação generalizada de todos os comportamentos que perturbem a ordem ditada pelo mundo globalizado. No entanto, o processo de incriminação não é simples. Para servir aos interesses do Estado e dos grupos no poder, a incriminação passa necessariamente por duas fases precedentes e uma consequente.

Primeira fase. O comportamento é declarado ilícito. Veja-se, por exemplo, o caso do consumo de energia acima da meta estabelecida, que, em determinado momento da vida brasileira, ditado pela desorganização administrativa, passou de atividade lícita a ilícita por ato do Poder Executivo; ou o caso dos professores universitários federais grevistas, que tiveram seus salários suspensos por ato judicial também provocado pelo Poder Executivo, no governo de Fernando Henrique Cardoso, portanto em plena democracia, com o argumento de que se tratava de uma atividade ilícita (curiosamente, também foram suspensos os salários dos que não estavam em greve, mas que pertenciam à mesma categoria dos grevistas, ou seja, o ato ilícito não é fazer greve, mas pertencer à categoria dos grevistas). Podemos chamar esta ilicitude de "ilicitude sistêmica" ou categorial, que engloba toda uma classe, como um grupo de indesejáveis que deve ser contido.

O que vemos então, normalmente, é uma declaração da lei de que a atividade ilícita é também perigosa, o que implica uma sanção penal. A declaração formal de ilicitude de uma conduta, independentemente dos resultados que ela possa produzir (bons, maus ou irrelevantes), já é legitimada pelo próprio poder que a declara ilícita. Essa forma de política criminal sempre esteve presente na sociedade brasileira, às vezes intensificada e reforçada por atos auxiliares de repressão indiscriminada ou tortura de opositores, outras vezes camuflada na ideia de proteção. É justamente na construção desses elementos simbólicos da própria violência, disfarçada de proteção, que se sustenta o poder autoritário.

Segunda fase. A série de atos simbólicos de reforço do poder autoritário é complementada pela substituição da noção de bem jurídico, que sempre esteve na base de toda a incriminação, pela noção de função, transformando meras políticas estatais em objetos de proteção penal. Uma vez que as funções não têm conteúdo substantivo, são meros símbolos de uma relação de utilidade; ao mesmo tempo em que ampliam a repressão, aumentam as dificuldades de delimitação das fronteiras entre o lícito, ou permitido, e o ilícito, ou proibido e criminoso.

Terceira fase. Consequentemente, a criminalização se consolida por meio de cominações cada vez maiores, como anúncio de uma política criminal populista e espetaculosa, de modo a produzir na população em geral a ideia da necessidade de uma punição mais rigorosa e, assim, o emprego de mais violência para assegurar uma vida de liberdade. Essa ampliação das penas e seu constante aumento quantitativo são características marcantes de nosso tempo, que se desdobram nos parlamentos e nos grupos midiáticos que os apoiam e estimulam.

Não é difícil, portanto, compreender o aumento indiscriminado de legislações penais extravagantes ou complementares, que servem a esses três propósitos simbólicos: a declaração de ilicitude, a eliminação da noção de bem jurídico e a cominação de penas. Pelas próprias características dessa política criminal, que opera, por um lado, para efeitos comunicacionais e, por outro, para a sustentação do poder, é possível adentrar no seu significado como uma política de puro arbítrio, que não é depurado pelo simples fato de que suas normas percorram os caminhos do processo legislativo constitucional. Nesse ponto, o processo legislativo constitucional apenas respalda formalmente essas proposições de política criminal, mas não é apto a limitá-las. Por seu turno, esses três propósitos simbólicos fornecem ao Estado o elemento ideológico da persuasão, capaz de demonstrar a dedicação dos políticos aos interesses da coletividade e obter sua aceitação, ou consentimento, às suas políticas públicas.

6

VIOLÊNCIA SIMBÓLICA E DOUTRINA PENAL

6.1 A alteração do conceito de crime

A simbolização da violência, através do modelo do crime violento, não só transforma o perfil das políticas estatais, como se reflete fortemente na própria formulação das teorias penais. Se, inicialmente, o ponto de partida era uma ordem objetiva, baseada na causalidade, como fundamento da responsabilidade penal e da própria pena, e o crime como fenômeno objetivo estava condicionado à demonstração dessa causalidade, isso correspondia a uma estrutura de poder industrial ou de formação social em que o Estado perseguia o objetivo de manter essa ordem enquanto tal e de a legitimar na medida em que os elementos dessa produção industrial fossem protegidos. Posteriormente, com a crescente substituição – e mesmo deterioração das tarefas básicas do Estado – pela promoção e desenvolvimento das atividades financeiras, o modelo causal foi também ultrapassado e gradualmente substituído por modelos normativos e finalistas. Assim, na doutrina penal, foram caracterizadas, respectivamente, as teorias causal, normativa, final e social do crime, que correspondem juridicamente aos perfis da política estatal dominante em determinados momentos históricos.

Na sociedade contemporânea, cuja caraterística mais marcante talvez seja o processo de comunicação, a teoria penal muda novamente, no sentido de tomar o crime como modelo simbólico de violação de uma ordem autossuficiente, como estrutura normativa. Assim, o crime e a pena deixam de ser vistos, respectivamente, como a lesão efetiva de bens jurídicos e sua compensação, o que faz com que a restrição da liberdade passe a ser delineada exclusivamente de modo normativo. O crime torna-se importante apenas como fator de manutenção da ordem, na medida em que a sua incidência e, respetivamente, a sua repressão (punição) sirvam tanto para afirmar a existência da norma quanto para reafirmar a confiança na sua validade. Desse modo se caracteriza a teoria funcional do crime, que é uma teoria bem adaptada à pós-modernidade, com a eliminação de todo o seu conteúdo material. A eliminação do conteúdo material das infracções, por sua vez, remete os conceitos para a sua paisagem simbólica, sem tratar dos seus fins concretos. Se a teoria normativa, tal como concebida por Radbruch sob sua imagem positivista,[1] tinha, inicialmente, o propósito de evitar sua contaminação com preceitos morais, na pós-modernidade, essa mesma teoria serve para fundamentar um sistema abstrato, concebido como expressão de uma política pública burocratizada em que a manutenção do poder é camuflada como expectativa de benefício coletivo.

6.2 O inimigo do sistema

O culminar de uma teoria funcional do crime, correspondendo à intensificação da conceção simbólica da violência como fundamento de uma política criminal autoritária, dá-se com a proposta final e contundente de Jakobs de distinguir dois âmbitos de direito penal: um direito penal do inimigo,

---

1 RADBRUCH, Gustav. *Der Handlungsbegriff in seiner Bedeutung für das Strafrechtssystem: Zugleich einen Beitrag zur Lehre von der rechtswissenschaftlichen Systematik*. Berlim: De Gruyter, 2003.

que incluiria todas as formas de criminalidade organizada e que seria desprovido de preceitos garantistas, e um direito penal clássico, aplicável à chamada criminalidade tradicional e que se regeria por todos os princípios liberais de proteção da pessoa humana. Para além de delimitar as formas de criminalidade, casuisticamente representativas da matéria sobre a qual recairia o direito penal do inimigo, Jakobs propõe uma definição do inimigo como o indivíduo que:

> [...] em qualquer caso, se tenha afastado do direito, de forma presumível e duradoura, e que, por isso, não garanta cognitivamente o mínimo de segurança no seu comportamento pessoal e demonstre esse déficit através da sua conduta.[2]

Com esta distinção arbitrária e absolutamente discriminatória, o que se está a fazer, na realidade, é escolher, dentre determinadas formas de criminalidade, aquelas que mais dificultam o processo de globalização, e aplicar uma política de contenção por mera questão de eficácia, sem preocupação com as pessoas envolvidas. Explicita-se, aqui, o fundamento dos crimes hediondos ou atrozes. O autor de um crime hediondo será considerado, então, um inimigo do poder. Se a pessoa envolvida é um inimigo na medida em que se afastou permanentemente do direito e não pode garantir um comportamento correto, essa concepção não está assim tão longe do antigo conceito simbólico de "cegueira ou inimizade jurídica" da

2 JAKOBS, Günther. "Kriminalisierung im Vorfeld einer Rechtsgutsverletzung". *Zeitschrift für die gesamte Strafrechtswissenschaft*, v. 97, 1985, pp. 88-95.

teoria sintomática de Mezger, que justificava sua eliminação definitiva do meio social.[3] A noção de inimigo do direito produz também efeitos na própria cidadania: conforme a Constituição chilena (art. 13, redação de 2024), por exemplo, o condenado a uma pena aflitiva perde a condição de cidadão. Reproduz-se, aqui, então, a velha máxima de Hobbes de que o indivíduo não vale apenas porque seja uma pessoa, senão porque pertence a determinado Estado e uma vez tenha violado as regras do Estado já não será mais seu cidadão. Não é outra a regra brasileira, a qual, mediante uma redação mais rebuscada, também exclui dos direitos da cidadania, como os direitos políticos, o condenado definitivamente a uma pena criminal, enquanto durarem seus efeitos (art. 15, III).

Não se pretende aqui retomar o tema recorrente do direito penal do inimigo, que já foi objeto de muita discussão,[4] embora o seu conceito continue muito atual. Veja-se, por exemplo, que os atos de guerra não declarados, mas presentes, invocam sempre a ideia de que se está diante de um inimigo do sistema, o qual deve ser eliminado, não importa se com ou sem efeitos colaterais sobre a população civil, de modo a configurar um verdadeiro e manifesto genocídio. A sua invocação neste contexto apenas indica, no entanto, que toda a construção do inimigo social e político está ligada à

3 MUÑOZ CONDE, Francisco. *Edmundo Mezger y el derecho penal de su tempo*. Valência: Tirant lo Blanch, 2001, p. 43 e ss.

4 BUNG, Jochen. "Feindstrafrecht als Theorie der Normgeltung und der Person". HRRS, v. 2/2006, pp. 63-71, 2006; GRECO, Luís. "Über das sogenannte Feindstrafrecht". *Goltdammer's Archiv für Strafrecht*, v. 153, pp. 96-113, 2006; ZAFFARONI, Eugenio Raúl. *O inimigo no Direito Penal*. Rio de Janeiro: Revan, 2011.

forma como se lida com a violência do Estado. Não se pode esquecer que o inimigo não nasce propriamente do direito.

De fato, nas palavras de Balibar, "a rejeição e a discriminação dirigidas ao 'inimigo complementar' nascem de exclusões e fronteiras internas, ou produzem-nas como necessárias à constituição de uma etnia fictícia".[5] Mais uma vez, acentua-se um elemento simbólico, que passa a representar os adversários como portadores da maldade. A pós-modernidade, com todos seus aparatos digitais, ainda não se desvinculou da ideia de um criminoso nato, de acordo com o positivismo criminológico. O criminoso nato já não será identificado por dimensões cranianas, mas sim, agora, pelo pertencimento a determinadas etnias.

Já Fromm observava que, nos estados de guerra, o conceito de inimigo se vê permeado também por sua inclusão no conceito de animal. Neste caso, o opositor não é um ser humano, mas sim um animal: "Ele não é chamado pelo próprio nome, mas por um outro diferente, como aconteceu na Primeira Guerra Mundial, quando os alemães eram hunos para os britânicos ou boches para os franceses".[6]

Do mesmo modo, quando as guerras se estendem a outros territórios, o conceito de inimigo também vem a abarcar a discriminação racial:

---

5 BALIBAR, Étienne. *Violence and civility: on the Limits of Political Philosophy* (The Wellek Library Lectures). Nova York: Columbia University Press, 2016, posição 505.

6 FROMM, Erich. *Anatomia da destrutividade humana*. Rio de Janeiro: Zahar, 1975, p. 173.

> Essa destrutividade da humanidade do inimigo chegou ao seu ápice com aqueles de cor diferente. A guerra do Vietnã forneceu bastantes exemplos para mostrar que muitos soldados americanos tinham pouco senso de empatia com os opositores vietnamitas, chamando-os de gooks (orientais, idiotas). Até mesmo a palavra matar é eliminada, usando-se em seu lugar abater.[7]

Por seu turno, explica Zaffaroni que a noção de inimigo já estava presente desde o Direito Romano, que procedia à distinção entre os hostis estrangeiros e os hostis internos, aos quais o Senado reservava punições exemplares.[8] Quando se trabalha a noção de inimigo, é também fundamental esclarecer que esse conceito sofre pelo menos duas mutações, ambas decorrentes do colonialismo.

Como acentua Nandy, o colonialismo deve ser visto sob dois enfoques: primeiro, como um domínio físico sobre os colonizados, os quais sempre foram, então, tratados como inimigos para a conquista territorial; segundo, como uma dominação cultural, pela qual se afirma a superioridade intelectual e moral do colonizador frente ao colonizado, o qual deve estar sujeito a reprimendas especiais, conforme sua deficiência cognitiva.

---

7 Ibid., p. 173.

8 ZAFFARONI, Eugenio Raúl. *O inimigo no Direito Penal*. Rio de Janeiro: Revan, 2011.

6.3 A colonização cultural

Assim, a chamada

> segunda colonização é o processo ideológico cujo objetivo é a dominação da mente, quer dizer, aquela que concebe o colonialismo como um campo de batalha cultural, epistemológico e psicológico entre as formas de conhecimento tradicionais autóctones e a modernidade ocidental, caracterizada por seu carácter universalista e seus desejos homogeneizadores.[9]

Para Nandy, essa alteração se mostra mais visível quando se faz um paralelo entre as relações etárias e as relações de poder.[10] À medida que a colonização se transfere do simples mercantilismo para um capitalismo mais avançado, pode-se ver como se alteram, também, as relações entre o poder e seus súditos. Significativo, nesse sentido, é o enfoque que se dá ao conceito de criança: inicialmente, como um ser qualificado como primitivo (essa era inclusive a ideia que se tinha dos povos originários), que deveria ser dominado pela força, e, depois, como um ser desprovido de desenvolvimento produtivo, ou seja, um ser inferior nas relações de trabalho. Enquanto o colonizador se compara ao adulto desenvolvido, inteiramente capaz de se tornar um grande produtor, ou empreendedor, para usar a atual nomenclatura das redes sociais, o colonizado seria a criança, incapaz de um

---

9 NANDY, Ashis. *El enemigo íntimo. Perdida y recuperación del yo bajo el colonialismo*. Madri: Trotta, 2021, p. 6

10 Ibid., p. 39.

trabalho produtivo e, portanto, necessitado de ser culturalmente dominado, inclusive com a imposição das medidas civilizatórias adequadas.[11] Uma vez que o colonizado jamais poderia alcançar a maioridade, fácil é compreender como se processa o sistema de seletividade penal: a pena criminal deverá, então, servir de medida adequada a impedir que esse ser subdesenvolvido possa intervir na execução das políticas estatais. Essa nova abordagem da noção de inimigo demonstra como a ideologia dominante mais acentua os argumentos de fortalecimento do sistema simbólico.

O que se faz com o conceito de direito penal do inimigo, portanto, nada mais é do que criar um modelo teórico sofisticado para justificar a atuação repressiva do Estado a pessoas ou grupos indesejáveis, sempre que isso se insira no interesse do grupo dominante, o que, também, corresponde à figura simbólica do bode expiatório, gestado cada vez mais sob o panorama da persecução antecipada da chamada organização criminosa.[12]

A fim de camuflar a expressão linguística do inimigo para um sentido mais palatável nas plataformas digitais e, assim, dissimular o verdadeiro significado dos destinatários do sistema punitivo, os partidos políticos midiáticos se encarregam de justificar a brutal intervenção estatal sobre a população pobre sob o argumento de uma defesa do bem-estar coletivo ou de uma segurança pública de proteção dos cidadãos de

---

11 Ibid., p. 9.

12 SALMEN, Ygor Nasser Salah. *O problema das organizações criminosas no Brasil: uma análise da "operação Alexandria" para se (re)pensar o modus operandi estatal no enfrentamento da questão*. Curitiba, Direito-Uninter, 2023, p. 101. Dissertação de Mestrado.

bem. Essa é a realidade de uma diversificação no panorama linguístico, de modo a evitar um antagonismo declarado entre desejáveis e indesejáveis ao sistema e induzir uma crença na atuação correta do Estado.

Vista, pois, na perspectiva da relação entre o indivíduo e o Estado, a violência, também diluída nesta dicotomia forçada do direito penal, tornar-se-á um importante instrumento político de criminalização do adversário com base em simples enunciados normativos, o que torna ainda mais complexos e diversificados os conceitos jurídicos, agora abertamente construídos como categorias discriminatórias. Isso não ocorre apenas nas ditaduras, senão também nas democracias ocidentais, que propalam estar assentadas em um Estado de Direito. Entretanto, a violência, sob qualquer forma, ostensiva ou dissimulada, tem como efeito a destruição da democracia. Com o seu uso, expresso em todos os momentos através de uma criminalização sem objeto, o que se procura não é a paz, mas a pacificação através da submissão ou do extermínio da pessoa.

O controle funcional neutro dos comportamentos desviantes manifesta-se na forma como estes são combatidos. O que importa não é o efeito duradouro da luta contra a violência, mas o seu efeito simbólico na manutenção da estrutura de poder. Neste caso, o chamado Estado de Direito, que visava originalmente a uma distribuição controlada de suas atividades, torna-se uma simples utopia. A simbolização que vai sedimentar os seus fundamentos leva-o a exercer um poder arbitrário sobre os maus, de acordo com um livro de regras repetido há séculos como baluarte do Estado autoritário. A lei perde, então, todo o sentido e é transformada de norma determinada e exaustiva, como se preconizava no ideário iluminista, em mero texto que sugere aos órgãos judiciais como devem lidar com os fatos que são chamados a julgar.

Com a fragmentação da lei e a sua liquefação, a racionalização do chamado controle da violência dilui-se na classificação das categorias dos seus protagonistas como personalidades criminosas, que devem ser eliminados, direta (com a pena de morte) ou indiretamente (com a prisão). Sob este arcabouço, os fins continuam a justificar os meios, e a culpa funde-se, numa produção perversa, com a reprovação e a declaração política de inutilidade do acusado. Deste modo, a pessoa, com todos os seus traços humanos e contingentes, permanece apenas como uma peça no jogo do poder. Diante disso há que se acentuar, todavia, que em qualquer projeto de uma autêntica democracia, ainda que pensado como uma utopia ou como algo a ser concretizado em futuro distante, a pessoa humana deve ser vista sob dois ângulos absolutamente necessários: de sua capacidade de crítica e de sua independência e persistência diante de políticas estatais que visem à sua dessocialização. Pensando desde o nascimento do conceito de pessoa, que já estava presente na filosofia grega, em que se discutia precisamente sua submissão à política,[13] pode-se ver que a grande conquista de sua identidade reside justamente na real possibilidade de enfrentar a intervenção de forças externas em seu espectro de atuação, o que lhe garante a participação com autonomia em todos os atos coletivos de destinação de seu futuro. Isso não implica que a pessoa humana tenha que ser estimada por seu egoísmo, que é próprio de uma concepção individualista;

13 PLATÃO. *A República*. Jandira: Principis, 2021; ARISTÓTELES. *Obras completas*. [S. l.]: Wisehouse, 2022.

ao revés, a identidade, a capacidade de crítica, a independência e a autonomia conduzem, consequentemente, ao estabelecimento de uma sociedade solidária e isenta de discriminações, na qual o sujeito só se afirma como pessoa à medida que se situe como reflexo do outro. É que só é possível pensar nessas qualidades – identidade, capacidade de crítica, independência e autonomia – a partir de uma relação intersubjetiva. Justamente pelo reconhecimento dessas qualidades é que será possível superar as desigualdades sociais. Veja-se que em todos os projetos coloniais o que se pretendeu foi seu tratamento sob os signos de infantilidade e primitivismo, que fizeram da pessoa um objeto caudatário dos interesses do colonizador, que, inclusive, se materializam em juízos morais de reprovação à sua conduta, como forma de se projetar todo o processo normativo como um incessante reprodutor da estrutura classista.

7

CONCLUSÃO

Em face do exposto, podemos resumir a atual conjuntura do poder punitivo em alguns pontos essenciais, que dizem respeito a como a questão da violência é tratada no capitalismo tardio ou no chamado neoliberalismo, em que a pessoa humana é relegada a simples objeto das políticas públicas e transformada em objetivo principal da imposição de sofrimento.

O controle funcional neutro dos comportamentos desviantes manifesta-se na forma como estes são combatidos. Uma vez que o que importa não é o efeito duradouro do controle da violência, mas o seu efeito simbólico na manutenção da estrutura de poder, o chamado Estado de Direito, que originalmente visava a uma distribuição controlada das atividades, vê diluído seu conteúdo material e se transforma decididamente em Estado policial. O Estado policial reproduz o itinerário do poder disciplinar, discutido por Foucault, no qual se restaura a desobediência como critério definidor do processo criminalizador. Mediante uma constante vigilância, a "disciplina fabrica indivíduos; ela é a técnica específica de um poder que toma os indivíduos ao mesmo tempo como objetos e como instrumentos de seu exercício".[1] Se importante é a obediência às normas, são irrelevantes os efeitos materiais da infração. Isso implica a proliferação de delitos de perigo abstrato e a edificação de deveres jurídicos gerais, que fundamentam a submissão do indivíduo às políticas públicas. Nesse ponto, inclusive, formula-se uma teoria jurídica comprometida unicamente com a legitimação do poder, edificando o conceito de delito sob a perspectiva de condutas omissivas, ou seja, as normas proibitivas se convolam em normas determinativas, aos

---

1 FOUCAULT, Michel. *Vigiar e punir*. Petrópolis: Vozes, 2014.

moldes do Estado despótico, no qual para obter cidadania a pessoa precisa se comprometer como seu súdito. Por outro lado, uma vez fundada a criminalização em meras presunções, sem substrato empírico, desnatura-se o princípio da proporcionalidade, cuja aferição se transfere de uma condição objetiva para um ato discursivo exercido pelos reveladores do direito, no caso, as agências da persecução, repartidas entre os poderes Legislativo, Executivo e Judiciário. A eliminação dos dados empíricos na determinação da responsabilidade corresponde ao estado de coisas que Ferrajoli chamou de puro decisionismo.[2]

A sociedade digitalizada, em que se perde o contato com a realidade empírica e os contextos concretos dos comportamentos, conduz cada vez mais a um aumento do poder simbólico, que se reproduz na relação entre violência e criminalidade. Nesta perspectiva, reforça-se a ideia de que a violência é o efeito de atos individuais, desenvolvidos por aqueles que não cumprem as regras estatais de convivência ou que não se integram aos valores ditados pelo sistema. A infração de simples regras de convivência ou a falta de integração de valores sociais, impostos pelo Estado, vão dar lugar, respectivamente, à desvinculação do conteúdo dos delitos de uma afetação de bens jurídicos, de modo a valer apenas a estabilidade da norma, e à justificativa para a imposição de penas cada vez mais rigorosas, sob o pretexto de corresponderem à personalidade maldosa dos infratores. Tendo por base uma fórmula eugênica de purificação da maldade, a cominação de penas mais rigorosas serve também

---

2 FERRAJOLI, Luigi. *Direito e razão*. São Paulo: Revista dos Tribunais, 2013.

para cimentar o poder simbólico do Estado, de um lado, e incrementar mais sofrimento individual, de outro. Como a violência estatal é justificada sob o pretexto da defesa do bem comum, resta apenas o sofrimento individual, como compensação pela infração às normas de convivência. A defesa do bem comum corresponde, na verdade, à velha fórmula da "volonté generale", de Rousseau, exteriorizada também na filosofia kantiana sob o signo da universalidade. Ainda que a invocação da fórmula da universalidade como critério determinante de uma conduta correta tenha sido proposta como um meio de limitação do poder, na pós-modernidade se transfere ela de meio de limitação em instrumento de amplificação da violência estatal, justamente porque serve de justificação de uma política repressiva apoiada em enunciados simbólicos. A realidade, ao revés, em termos de ações sociais, não pode ser equacionada sob a égide de uma universalidade, até porque a pessoa não é uma entidade abstrata, senão um ser humano condicionado por seus respectivos contextos empíricos e normativos, portanto heterogêneo e diversificado. Somente na concepção de uma sociedade hipoteticamente monolítica é que seria possível avaliar as condutas humanas sob um padrão universal de comportamento; jamais, porém, em uma sociedade diversificada e, principalmente, desigual. Uma vez que uma conduta correta seria aquela que poderia servir de padrão universal de comportamento, igualmente se poderá dissimular a atividade violenta do Estado, à medida que esse faça incutir na população em geral a ideia de que, com isso, defenderá o bem comum ou o interesse público.

A partir dessa vinculação entre violência e criminalidade, o que se pretende é camuflar uma forma mais intensa de violência, que não é produto do indivíduo desajustado ao sistema, mas do próprio Estado, que a utiliza como instrumento de manutenção de suas políticas, as quais são desenvolvidas como extensão dos interesses dos consórcios ou conglomerados econômicos e dos meios de comunicação social, que hoje constituem verdadeiros partidos políticos.[3] Em uma sociedade orientada exclusivamente por interesses de lucro ou de renda, relevante será o que se divulga, conforme os objetivos imediatos do sistema, em nada importando sua correspondência aos fatos efetivamente ocorridos.

A relação entre meios e resultados, que engendra as políticas estatais de combate à violência, não pode ser vista exclusivamente em termos de seus efeitos, mesmo que benéficos a um grupo majoritário. A compreensão dialética da realidade exige que ela seja avaliada não apenas por seus efeitos, mas em face de todo o processo de sua produção. Contudo, quando se concebe o Estado como entidade neutra, destinado a avaliar a relação entre meio e fim, e, portanto, tornar lícitos os próprios meios, a violência estatal passa a ser justificada por si mesma.

Nesse contexto, a linguagem da luta contra a violência não é uma expressão autêntica da relação entre objeto e pensamento, mas apenas um instrumento de solidificação do poder. Conforme esse objetivo de manutenção do poder, a própria comunicação dos atos estatais deixa de ser um processo de informação para constituir uma autêntica comunicação política. À medida que o bloco no poder é heterogêneo e reparte com os demais protagonistas o domínio sobre os meios de produção e sua execução nas políticas estatais, criam-se as

---

3 ZAFFARONI, Eugenio Raúl. *Colonização punitiva e totalitarismo financeiro*. 2ª ed. Rio de Janeiro: Da Vinci Livros, 2024, p. 78.

condições para que essas políticas se desenvolvam mediante uma legislação simbólica, que produz seus efeitos disciplinares sobre os indivíduos, no sentido de assegurar, conforme o contexto, o exercício de uma hegemonia política.

A simbolização que vai sedimentar os seus fundamentos leva o Estado de Direito a exercer um poder arbitrário sobre os "maus", segundo um livro de regras repetido há séculos como baluarte do Estado autoritário. Com isso, liquefaz-se o Estado de Direito, que também passa a constituir apenas uma ideia. A lei, neste caso, perde todo o sentido delimitador e transforma-se de norma determinada e exaustiva em mero texto sugestivo que transfere às agências judiciais a competência para decidir como os fatos devam ser julgados, tudo de acordo com as conveniências do sistema.

A invocação da chamada "voz das ruas" é bem significativa dessa nova ordem, que revigora a ideia de fins justos: será justa a decisão que incorpore o clamor público, ainda que completamente divorciada da realidade empírica e independentemente de, no fundo, incentivar ódio e discriminações. Com a fragmentação do direito e a sua liquefação, a racionalização do chamado controle da violência se exaure na classificação das categorias dos seus protagonistas, como personalidades criminosas, que devem ser eliminados, ou de forma direta, com a morte, ou indireta, com a prisão, imediata ou lentamente. Sob este arcabouço, os fins continuam a justificar os meios, e a culpa funde-se, numa produção perversa, com a reprovação e a declaração política de inutilidade do acusado. A vinculação exclusiva da violência à criminalidade desnatura uma análise profunda de sua origem e eleva o debate à categorização de uma epistemologia institucionalizada. Se a culpa se exaure na reprovação pela desobediência, seu conteúdo não decorre mais dos elementos concretos da conduta, senão das condições psíquicas do autor. Como as condições psíquicas do autor não são apreciáveis senão por meio de uma avaliação pericial, homologada pelo revelador judicial, a culpa, dessa forma, passa a ser unicamente um atributo de responsabilização, a cargo do juiz.

Quando o sistema se estrutura dessa forma, com a exclusão do sujeito e de sua condição de pessoa, e a imposição de seu sofrimento em face da necessidade de assegurar a estabilidade da norma, é fundamental a execução de uma epistemologia da desconstrução, na qual se possa demonstrar como os elementos de política criminal iludem a compreensão do fenômeno da violência. Do contrário, se os fins justificam os meios, ou se os próprios meios se justificam por si mesmos, sem que a norma possa suscitar ou impor solução diversa, os atos de violência estatal continuam a fazer parte da estrutura do sistema, como atos legitimados ao combate dos malignos. Desse modo, a pessoa, com todos os seus traços humanos e contingentes, não será mais o centro da ordem jurídica, como se propala nas constituições, mas sim um elemento instrumental de perpetuação de um Estado que necessita da violência para sua própria sobrevivência e a metamorfoseia como política de bem-estar. Essa é a ilusão induzida da pós-modernidade. Para desfazer essa ilusão faz-se necessário um processo de desconstrução dessa política estatal, o qual constitui, no plano teórico, uma fórmula capaz de equacionar de modo correto as relações de poder e demonstrar como sua execução implica atos próprios de violência. A superação da violência é uma condição necessária para se poder delinear uma sociedade solidária, humanista e capaz de se traduzir numa harmoniosa colaboração coletiva.

Em resumo, poder-se-ia dizer que o tema da violência não se limita a uma discussão linguística, nem pode ser equacionado sob uma perspectiva puramente individual ou de pautas que não incluam, em sua execução, a participação relevante das forças sociais hegemônicas sobre os meios de produção e seus corolários financeiros e midiáticos, que controlam, por meio de enunciados normativos, as funções do Estado e impedem a própria crítica ao poder.

REFERÊNCIAS BIBLIOGRÁFICAS

ADORNO, Theodor W. *Dialética negativa*. Rio de Janeiro: Zahar, 2009.

______."Postscriptum". In: *Gesammelte Schriften, Bd. 8: Soziologische Schriften 1* (86-92). Frankfurt: Suhrkamp, 2003.

______. *Vorlesung über Negative Dialektik*. Frankfurt: Suhrkamp, 2003.

______.; HORKHEIMER, Max. *Dialética do esclarecimento*. Rio de Janeiro: Zahar, 1985.

ALLAN, Jacqueline. *Albert Bandura's Aggression. A Social Learning Analysis*. Londres: The Macat Library, 2017.

ANTUNES, André. "O Estado assume as quebras do setor privado, o que costuma acontecer com alguma regularidade no capitalismo". *Escola Politécnica de Saúde Joaquim Venâncio*. Disponível em: <https://www.epsjv.fiocruz.br/noticias/entrevista/o-estado-assume-quebras-do-setor-privado-o-que-costuma-acontecer-com-alguma>. Acesso em: 8 ago. 2025.

ARENDT, Hannah. *Sobre a violência*. Rio de Janeiro: Civilização Brasileira, 2009.

ARISTÓTELES. *Ética a Nicômano*. Jandira: Principis, 2021.

_____. *Obras completas*. [S. l.]: Wisehouse, 2022.

AZEVEDO, Plauto Faraco de. *Neoliberalismo: desmonte do Estado Social*. Porto Alegre: Libretos, 2018.

BAKHTIN, Mikhail. *Marxismo e filosofia da linguagem*. São Paulo: Hucitec, 2014.

BALIBAR, Étienne. *A filosofia de Marx*. Rio de Janeiro: Da Vinci Livros, 2023.

_____. "La violence: idéalité et cruauté". In*: La crainte des masses : politique et philosophie avant et après Marx*. Paris: Galilée, 1997.

_____. *Violence and civility: on the Limits of Political Philosophy (The Wellek Library Lectures)*. Nova York: Columbia University Press, 2016.

BATISTA, Nilo. *Honra, sangue e direito penal*. Rio de Janeiro: Lumen Juris, 2025.

______. "A lei como pai". In: ABRAMOVAY, Pedro Vieira; BATISTA, Vera Malaguti (orgs.). *Depois do grande encarceramento*. Rio de Janeiro: Revan, 2010.

BATISTA, Vera Malaguti. *Ensaios brasileiros de criminologia*. Rio de Janeiro: Revan, 2023.

BAUMAN, Zygmunt. *Comunidade: a busca por segurança no mundo atual*. Rio de Janeiro: Zahar, 2003.

BENJAMIN, Walter. *Zur Kritik der Gewalt, Gesammelte Schriften*. Tomo II-1, Frankfurt: Suhrkamp, 1999.

BHABHA, Homi. *O bazar global e o clube dos cavalheiros ingleses*. Rio de Janeiro: Rocco, 2012.

BOURDIEU, Pierre. *Razões práticas: sobre a teoria da ação*. Campinas: Papirus, 1996.

BRAUN, Tobias. *Der politische Konsens: Über die Suche der Demokratie nach dem verlorenen Einen*. Bielefeld: Transcript, 2024.

BRUNNER, Claudia. *Epistemische Gewalt: Wissen und Herrschaft in der kolonialen Moderne*. Edition Politik 96. Bielefeld: Transcript, 2020.

BUNG, Jochen. "Feindstrafrecht als Theorie der Normgeltung und der Person". *HRRS*, v. 2/2006, pp. 63-71, 2006.

CÁCERES, Luz Stella Rodríguez. "Paisagem, memória e parentesco no quilombo de Vargem Grande, RJ". *Etnográfica*, v. 21, n. 2, 2017.

CARNEIRO, Ricardo. "A ineficiência do sistema financeiro exige que o Estado assuma a conta durante a crise". *Instituto de Economia da unicamp*. Disponível em: <https://www.eco.unicamp.br/midia/a-ineficiencia--do-sistema-financeiro-exige-que-o-estado-assuma--a-conta-durante-a-crise>. Acesso em: 8 ago. 2025.

CARVALHO, Flávia Alvim de; MAGALHÃES, José Luiz Quadros de. *Ecologia jurídica*. Belo Horizonte: Casa do Direito, 2024.

CASARA, Rubens. *Contra a miséria neoliberal*. São Paulo: Autonomia Literária, 2021.

CASSIERER, Ernst. *Philosophie der symbolischen Formen*. Tomo III. Hamburgo: Felix Meiner, 2010.

CASTRO, Eduardo Viveiros de. "Prólogo". In: KOPENAWA, Davi; ALBERT, Bruce. *A queda do céu*. São Paulo: Companhia das Letras, 2019.

COMPARATO, Fabio Konder. *A afirmação histórica dos direitos humanos*. São Paulo: Saraiva, 2010.

DERRIDA, Jacques. *Força de lei*. São Paulo: Martins Fontes, 2018.

DOSTOIÉVSKI, Fiódor. *O idiota*. Box Grandes Obras de Dostoiévski. [S. l.]: Mimética, 2025.

ELIAS, Norbert. *O processo civilizador. Formação do Estado e civilização*. Tomo II. Rio de Janeiro: Zahar, 1993.

FALTINGER, Constanze. "Foucault contre Habermas: Une évaluation". *Amazon*. Disponível em: <https://www.amazon.com.br/Foucault-contre-Habermas-%C3%A9valuation-French-ebook/dp/B0BQD3784M>. Acesso em: 8 ago. 2025.

FERRAJOLI, Luigi. *Direito e razão*. São Paulo: Revista dos Tribunais, 2013.

FERRARI, Massimo. "Is Cassirer a Neo-Kantian Methodologically Speaking?". In: MAKKREEL, Rudolf A.; LUFT, Sebastian (orgs.). *Neo-Kantianism in Contemporary Philosophy*. Bloomington: Indiana University Press, 2010.

FOUCAULT, Michel. *Alternativas à prisão*. Petrópolis: Vozes, 2022.

_____. *Vigiar e punir*. Petrópolis: Vozes, 2014.

FROMM, Erich. *Anatomia da destrutividade humana*. Rio de Janeiro: Zahar, 1975.

GALTUNG, "Johan. Strukturelle Gewalt. Beiträge zur Friedens- und Konfliktforschung, Reinbek bei Hamburg 1975". In: KAILITZ, Steffen (ed.). *Schlüsselwerke der Politikwissenschaft*. Wiesbaden: VS Verlag für Sozialwissenschaften, 2007.

GOLDING, William. *O senhor das moscas*. São Paulo: Alfaguara, 2021.

GRECO, Luís. "A ilha de Kant". In: GRECO, Luís; MARTINS, Antonio (orgs.). *Direito Penal como crítica da pena*. São Paulo: Marcial Pons, 2012.

_____. "Über das sogenannte Feindstrafrecht". *Goltdammer's Archiv für Strafrecht*, v. 153, pp. 96-113, 2006.

HABERMAS, Jürgen. *Faktizität und Geltung*. Frankfurt: Suhrkamp, 1992.

_____. *Student und Politik: eine soziologische Untersuchung zum politischen Bewusstsein Frankfurter Studenten*. Berlim: Neuwied, 1961.

_____. *Theorie des kommunikativen Handelns*. Frankfurt: Suhrkamp, 2014.

_____. "Der interkulturelle Diskurs über Menschenrechte". *Frankfurter Rundschau*, 4 de fevereiro de 1997, p. 10.

_____."Was heißt Universalpragmatik?". In: APEL, Karl-Otto (org.). *Sprachpragmatik und Philosophie*. Frankfurt: Suhrkamp, 1976.

HALLER, Rudolf. *Neopositivismus*. Darmstadt: WB, 1993.

HARVEY, David. *O neoliberalismo: história e implicações*. São Paulo: Loyola, 2008.

HÄTTICH, Manfred. *Grundbegriffe der Politikwissenschaft*. Darmstadt: WB, 1969.

HEGEL, Georg Friedrich. *Grundlinien der Philosophie des Rechts*. Hamburgo: Felix Meiner, 1995.

_____. *Phänomenologie des Geistes*. Hamburgo: Felix Meiner, 1988.

_____. *Princípios da filosofia do Direito*. Trad. de Orlando Vitorino. Lisboa: Guimarães, 1990.

HOBBES, Thomas. *Leviathan*. [1651] In: *Portal Domínio Público*. Disponível em: < http://www.dominiopublico.gov.br/pesquisa/DetalheObraForm.do?select_action=&co_obra=3976>. Acesso em: 8 ago. 2025.

HUME, David. *Delphi Complete Works of David Hume (Illustrated)*. [S. l.]: Delphi Classics, 2016.

HUNTINGTON, Samuel. *The third wave: democratization in the late twentieth century*. Norman-Londres: University of Oklahoma Press, 1991.

JAKOBS, Günther. "Bürgerstrafrecht und Feindstrafrecht". *HRRS*, v. 3/2004, pp. 88-95.

______. "Kriminalisierung im Vorfeld einer Rechtsgutsverletzung". *Zeitschrift für die gesamte Strafrechtswissenschaft*, v. 97, pp. 751-785, 1985.

JERADE, Miriam. *Violencia: Una lectura desde la deconstrucción de Jacques Derrida*. Santiago: Ediciones Metales Pesados, 2018.

KALTMEIER, Olaf. *Politische Räume jenseits von Staat und Nation (Das Politische als Kommunikation 7)*. Göttingen: Wallstein, 2012.

KAMBARTEL, Friedrich. "Symbol". In: MITTELSTRASS Jürgen (org.). *Enzyklopädie Philosophie und Wissenschaftstheorie*. Stuttgart: Metzler, 1995.

KANT, Immanuel. *Kant – Gesammelte Werke*. Brunsvique: Ideenbrücke, 2016.

_____. *Kritik der praktischen Vernunft. Werke in sechs Bänden*. Tomo 3. Colônia: Könnemann, 1995.

_____. *Die Metaphysik der Sitten*. v. VI. Berlim: Akademie Ausgabe, 1797.

KERSTENETZKY, Celia Lessa. *O Estado do bem-estar social na idade da razão*. São Paulo: Campus, 2012.

KIERECZ, Marlon Silvestre. *Estado de bem-estar social e soberania: crise, cidadania e solidariedade*. [S. l.]: [s. n.], 2015.

LESSA, Sergio. *Capital e Estado de bem-estar*. São Paulo: Instituto Lukács, 2013.

MEAD, Margaret. *Cultura y compromiso: estudios sobre la ruptura geracional*. Barcelona: Gedisa, 2019.

MÖCKEL, Christian. "Zum Verhältniss von Philosophie und Wissenschaft bei Ernst Cassirer". In: NEUBER, Matthias (org.). *Husserl, Cassirer, Schlick. Wissenschaftiche Philosophie im Spannungsfeld von Phänomenologie, Neukantianismus und logischem Empirismus*. Cham: Springer Cham, 2016.

MUÑOZ CONDE, Francisco. *Edmundo Mezger y el derecho penal de su tempo*. Valência: Tirant lo Blanch, 2001.

NANDY, Ashis. *El enemigo íntimo. Perdida y recuperación del yo bajo el colonialismo*. Madri: Trotta, 2021.

NEURATH, Otto. *Wissenschaftliche Weltauffassung, Sozialismus und logischer Empirismus*. Frankfurt: Suhrkamp, 1979.

NEVES, Marcelo. *A constitucionalização simbólica*. São Paulo: Acadêmica, 1994.

NOLLER, Jörg. *Theorien des Böses*. Hamburgo: Junius, 2017.

PINKER, Steven. *Os anjos bons de nossa natureza: por que a violência diminuiu*. São Paulo: Companhia das Letras, 2013.

PONTES, Andrea Mello. "O tabu do incesto e os olhares de Freud e Lévi-Strauss". *Trilhas*, ano 4, n. 1, jul. 2004.

PLATÃO. *A República*. Jandira: Principis, 2021.

RADBRUCH, Gustav. *Der Handlungsbegriff in seiner Bedeutung für das Strafrechtssystem: Zugleich einen Beitrag zur Lehre von der rechtswissenschaftlichen Systematik*. Berlim: De Gruyter, 2003.

RAWLS, John. *Teoría de la justicia*. Cidade do México: Fondo de Cultura Económica, 2012.

RÖHL, Klaus F. "Die Macht der Symbole". In: COTTIER, Michelle; ESTERMANN, Josef; WRASE, Michael (orgs.). *Wie wirkt Recht?*. Baden-Baden: Nomos, 2010.

ROSS, Alf. *Direito e justiça*. São Paulo: Edipro, 2021.

ROUSSEAU, Jean-Jacques. *Do contrato social.* Jandira: Principis, 2021.

SALMEN, Ygor Nasser Salah. *O problema das organizações criminosas no Brasil: uma análise da "operação Alexandria" para se (re)pensar o modus operandi estatal no enfrentamento da questão.* Curitiba: Direito-Uninter, 2023. Dissertação de Mestrado.

SCHEERER, Sebastian. *Política sobre drogas. Algumas reflexões críticas.* São Paulo: Tirant lo Blanch, 2023.

SCHEUERMAN, William E. "Between Radicalism and Resignation. Democratic Theory in Habermas's Between Facts and Norms". In: SCHOMBERG, René von; BAYNES, Kenneth (orgs.). *Discourse and Democracy. Essays on Habermas's Between Facts and Norms.* Nova York: State University of New York Press, 2002.

SEN, Amartya. *A ideia de justiça.* São Paulo: Companhia das Letras, 2011.

_____. *Identidade e violência: a ilusão do destino.* São Paulo: Iluminuras, 2016.

SILVA, Francisco de Fátima da. "A indecidibilidade enquanto desconstrução da hermenêutica: a primazia da metáfora da escritura". *Revista Urutágua*, n. 6, Maringá, 2005.

STERZER, Philipp. *Die Illusion der Vernunft.* Berlin: Ullstein, 2022.

STRECK, Lenio. *Verdade e consenso.* São Paulo: Saraiva Jur, 2011.

VILLORO, Luis. *El concepto de ideología*. Cidade do México: Fondo de Cultura Económica, 2015.

WEBER, Max. "Wirtschaft und Gesellschaft". *Amazon*. Disponível em: < https://www.amazon.com.br/Wirtschaft-Gesellschaft-Grundri%C3%9F-verstehenden-Soziologie-ebook/dp/B00NO50DVY/>. Acesso em: 8 ago. 2025.

WEILANDT, Tobias. *Das Verhäntniss von Sprache und Mythos als symbolische Formen: die Frage nach dem Fundament der Kultur*. Munique: Akademische Verlagsgemeinschaft München, 2009.

ZAFFARONI, Eugenio Raúl. *Colonização punitiva e totalitarismo financeiro*. 2ª ed. Rio de Janeiro: Da Vinci Livros, 2024.

_____. *O inimigo no Direito Penal*. Rio de Janeiro: Revan, 2011.

ŽIŽEK, Slavoj. *Violência*. São Paulo: Boitempo, 2015.

Este livro foi composto com as fontes Baskerville e Minion Pro.
O papel do miolo é o Pólen Natural 80g/m².
A Gráfica Viena concluiu esta impressão para a
Da Vinci Livros em setembro de 2025, data em que
a Livraria Leonardo da Vinci completa 73 anos.